50 天自驾环游美国

——建筑师眼中的美国

华宁 / 华炜　著

中国建筑工业出版社

图书在版编目（CIP）数据

50天自驾环游美国——建筑师眼中的美国/华宁，华炜著.
北京：中国建筑工业出版社，2013.3
ISBN 978-7-112-15389-3

Ⅰ.①5… Ⅱ.①华…②华… Ⅲ.①旅游指南-美国②建筑艺术-美国 Ⅳ.①K971.29②TU-867.12

中国版本图书馆CIP数据核字（2013）第081866号

责任编辑：李东禧 唐 旭 吴 佳
装帧设计：华 宁
责任校对：肖 剑 刘 钰

50天自驾环游美国
——建筑师眼中的美国
华宁/华炜 著
*
中国建筑工业出版社出版、发行（北京西郊百万庄）
各地新华书店、建筑书店经销
北京嘉泰利德公司制版
北京方嘉彩色印刷有限责任公司印刷
*
开本：880×1230毫米 1/32 印张：10¾ 字数：310千字
2013年5月第一版 2013年5月第一次印刷
定价：88.00元
ISBN 978-7-112-15389-3
（23421）

前言

从小就喜欢和在建筑学院任教的父亲一起走南闯北，跑了国内外不少地方。没想到有一天来到美国继续学建筑。谈到旅行，笑言何不趁暑假之时，来一次环美之旅。本是随口而谈的设想，猛然觉得为什么不呢？

平时大家忙，不是真的有时间，我本应假期实习，父亲在国内总有些相关项目牵扯。我虽在美国知道外面的建筑、风景很美，也零星去过个别地方，但多数时间只是呆在校园读书。在美国没车如同没脚一样，哪儿都去不了。驾照是在美国考的，平时离不开车，却少有长途自驾的经验。

终于有一天，我们抛下一切，在美国地图上画了一个大圈，立下用 50 天有限的时间自驾环游美国的决心。

事情真的做起来，倒也就顺理成章了。关于整个出行准备过程，是在国内的华炜与在美国的华宁分别列项单列出来的，这样看起来更明了一些：

华炜办完签证赴美前第一件事，在网上通过人保购买了这次赴美三个月的境外旅行保险《平安旅行意外伤害及意外伤害医疗保险》。

华宁在美国通过 AAA 汽车俱乐部，免费提供并打印出我们计划驾车环美路线相关全部地图及国家公园、住宿营地等相关信息材料，几十本各种图册与文本资料满满装了一大纸箱。（AAA 是美国一个汽车会员组织，一年收取 40~80 美元的会员费，提供免费地图及目的地咨询，如果车在路上出了故障，他们每年有 3 次拖车救援免费服务。）

在出行前华宁为华炜办理驾驶附加保险，这对自驾旅行十分重要。

旅行用品清单：

全程地图、自备汽油桶、双人露营帐篷、充气睡垫、电动充气泵、防潮睡垫、两个睡袋、简易气罐炉、数个一次性野餐煤气罐、野餐用锅碗瓢勺、车用保温冰箱、急救药箱、防熊喷剂、防蚊喷剂、防晒霜、护肤霜、无水洗手液、墨镜、手电筒、LED 宿营灯、瑞士军刀、望远镜、水壶、登山包、登山鞋、衣物、帽子、头垫、泳装、泳镜、备用药品。

电子设备：车载充电器、车载 GPS、IPHONE4 苹果手机、笔记本电脑、移动硬盘、电源转换插头、接线板。

摄影器材：尼康 NIKON D80 单反相机、18-70mmf/3.5-4.5、GIF-ED 镜头；佳能 CANON 300D 单反相机，18-55mmf/3.5-5.6、70-200mmf/4L USM（小小白）镜头；松下 PANASONIC3CCD-GS120 摄像机。

自驾的工具是一辆华宁花 3000 美元买的 2010 年产配 V6 涡轮增压发动机的三菱戈蓝二手车。

本书有些章节的局部可采用华宁与华炜不同的视角来讲述同一件或不同的事情如：

华宁："目标确定就开始策划这次旅行的线路、路况交通、泊车收费标准，重要景点、参观时间、免费时段，网拍住宿、餐饮点，制定最佳方案，保证这次对我与老爸的壮游"。

华炜："这次出行我一反常态的有意不做任何先期主观心理准备，虽然华宁几次与我讲述路线与行程计划，但我拒绝做前期研究，一切交她安排。没有出发点就没了成见，这样走出去天天都有新鲜与惊喜，不经意才是最好的旅行"。

2010 年 7 月 6 号这一天，我们真的出发了，以我们的视角去关注考察美国的城市、建筑、景观、艺术必是另有一番滋味的体验。况且，每一个目的地，每一段旅程都是人生的财富。

华宁

50天自驾

Washington
华盛顿州
Oregon
俄勒冈州
Idaho
爱达荷州
Montana
蒙大拿州
North
Dakota
北达科他
South
Dakota
南达科他州
Wyoming
怀俄明州
Nebraska
内布拉斯加州
Nevada
内华达州
Utah
犹他州
California
加利福尼亚州
Colorado
科罗拉多州
Arizona
亚利桑那州
New Mexico
新墨西哥州
Texas
德克萨斯州
Alaska
阿拉斯加州
黄石国家公园
杰克逊
吉莱特
恶地国家公园
盐湖城
拱门国家公园
布兰丁
拉斯韦加斯
佩奇
大峡谷国家公园
洛杉矶
圣迭戈
菲尼克斯
图森
埃尔帕索

美国路线图

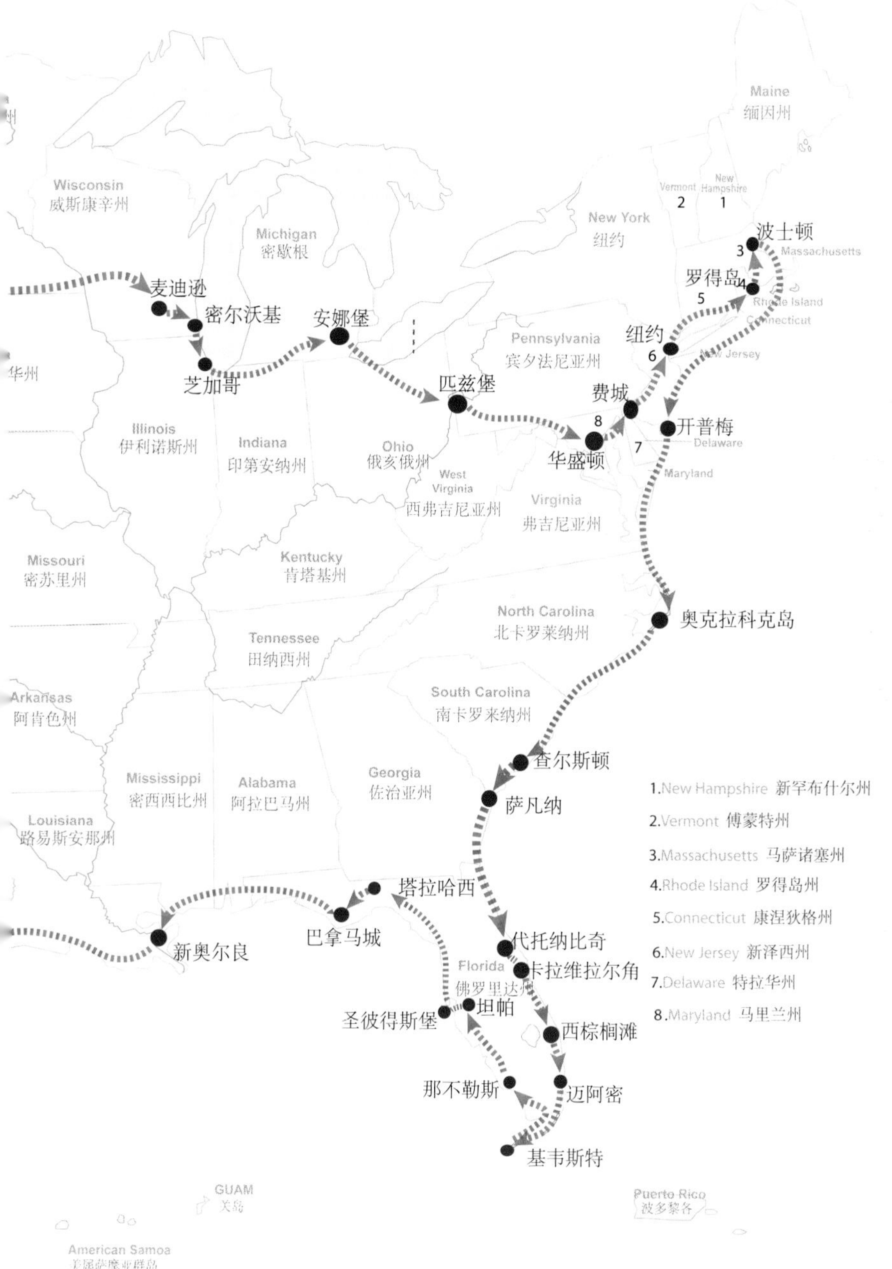

Maine
缅因州
Vermont
New Hampshire
2
1
Wisconsin
威斯康辛州
New York
纽约
Michigan
密歇根
波士顿
3
Massachusetts
罗得岛
4
5
Rhode Island
Connecticut
麦迪逊
密尔沃基
安娜堡
纽约
6
New Jersey
Pennsylvania
宾夕法尼亚州
芝加哥
匹兹堡
费城
8
开普梅
Delaware
7
Illinois
伊利诺斯州
Indiana
印第安纳州
Ohio
俄亥俄州
华盛顿
Maryland
West Virginia
西弗吉尼亚州
Virginia
弗吉尼亚州
Missouri
密苏里州
Kentucky
肯塔基州
North Carolina
北卡罗莱纳州
奥克拉科克岛
Tennessee
田纳西州
Arkansas
阿肯色州
South Carolina
南卡罗来纳州
查尔斯顿
Mississippi
密西西比州
Alabama
阿拉巴马州
Georgia
佐治亚州
萨凡纳
Louisiana
路易斯安那州
1.New Hampshire 新罕布什尔州
2.Vermont 傅蒙特州
3.Massachusetts 马萨诸塞州
4.Rhode Island 罗得岛州
5.Connecticut 康涅狄格州
6.New Jersey 新泽西州
7.Delaware 特拉华州
8.Maryland 马里兰州
塔拉哈西
巴拿马城
新奥尔良
代托纳比奇
卡拉维拉尔角
Florida
佛罗里达州
坦帕
圣彼得斯堡
西棕榈滩
那不勒斯
迈阿密
基韦斯特
GUAM
关岛
Puerto Rico
波多黎各
American Samoa
美属萨摩亚群岛

目录

关于五大湖有个有趣的故事，有一天有人在湖中，救起了一个水中漂泊了几天，被干渴的奄奄一息的人。当人们问他为什么不喝水，他说海水是咸的不能喝。天哪，他以为自己是在海里！

7月16日

早晨8：30时，驾车从密歇根州安娜堡大学校园华宁的住地出来，沿着宽阔的州际公路出发了。密歇根州以底特律汽车业著称，我们走的是该州农业地带，虽没有感受到工业城市的气氛，但却领略到了道路两旁万顷田园与无尽的果木的恬静气息，行车如同在碧海中行舟那样惬意。

美国的公路建设标准很高，设施很完备，标识很清晰，双向车道中间留有松软的绿地缓冲带，在林地则利用林木隔离单向行驶，既生态又美观，可最大限度地减缓事故发生时的冲撞，大大提高行车安全性。

行车中有几件趣事：美国大型货车很多，你开车经过它们时，对着货车司机做个拉汽笛的手势向他们致敬，他们会立马鸣笛回敬。我试了几次，每次都成功，除体验相互间友善，也有一解长途驾驶寂寞乏味的乐趣。还有就是在一些主要的城镇，造型各异、绘有文字或图案的水塔是标志性建筑，对我们的到达和离去都是最好的参照物。

9：40时到达第一站俄亥俄州托莱多艺术博物馆。

托莱多城区西郊门罗街的南面是博物馆，一座新古典主义的石头建筑。在博物馆东侧是盖里设计的城堡般的托莱多大学视觉艺术中心，而北面一片绿树草坪中，映入眼帘的是一座围合玻璃盒子般的建筑，艺术博物馆附属的玻璃展馆，它既是博物馆的玻璃收藏品展览空间，也是演示制造玻璃的场所。

玻璃制造业是托莱多的主打产业，历史上芝加哥重建中高层钢架玻璃结构建筑的兴起，也为这相邻地区玻璃产业兴盛提供了契机。该地区的玻璃产业同样依赖底特律汽车工业的发展，代表性的产品包括当时技术含量很高的弧形汽车前窗玻璃。但随着美国经济衰退，一些房地产与汽车工业停滞与破产，现如今托莱多的玻璃产业也冷清了许多。

10：20时，离开托莱多，沿大湖区伊利湖到下一站洛雷恩，中午我们在湖畔一座灯塔处吃自带午餐。这个州约有113座灯塔，是美国灯塔最多的一个州。眼见那些热衷户外运动的美国家庭，男士们光着膀子头顶烈日在阳光下垂钓，孩子们也不例外。湖中一艘艘私人游艇鱼贯而过，仔细观察，其中不乏许多白发老年夫妇，驾驭游艇驶出码头，高速跃入湖去，寻求如同飙车般的刺激，非亲眼目睹很难想象是这个年龄人的所为。

下午4：00时到克利夫兰，这座俄亥俄州最大的工业城市和湖港。车拐进高楼林立、道路整洁的中心城区，在湖畔见到了那座著名的建筑——摇滚音乐名人堂。

预约了明天参观赖特的流水别墅，所以连夜赶往宾夕法尼亚州的匹兹堡国际机场。华宁用手机在网上用竞价的方式拍得假日酒店，房费35美元加上服务费及税费合47美元。

夜10：15时到达假日酒店，除略感有大型飞机起降噪声外，酒店条件甚好，美国的星级酒店通常都有泳池，住宿还随时可喝免费咖啡，有公用制冰机制冰块。这样每天可往我们随车自带的冰箱加冰块降温保存食品，这点很让我们满意。

玻璃博物馆——妹岛的透明盒子

玻璃博物馆

(The Glass Pavilion)

日本SANAA是由妹岛和世和西泽立卫2位日本著名建筑师组成的工作室，两位设计师因擅长使用透亮材质和偏爱自然光闻名。妹岛和西泽为美国俄亥俄州托莱多艺术博物馆设计的玻璃房于2006年初落成。设计者充分运用与展品同质的语汇材料玻璃，用连续的弧线，围合展览不同区域。这种玻璃幕墙互相映射，透着光亮，既在视觉上通透又隔挡室外空气。凝视那晶莹剔透的外观，一瞬间会觉得整个乳白色的房顶也仿佛悬浮在空中，给人带来一种美轮美奂的视觉享受。（值得自豪的是，建造这所博物馆的超大弧形玻璃，是来自中国的三鑫公司生产的。）

摇滚音乐名人堂和博物馆

(The Rock and Roll Hall of Fame and Museum)

坐落在克利夫兰闹市区的摇滚音乐名人堂和博物馆，由享誉世界的著名美籍华裔建筑大师贝聿铭设计。这座由玻璃和钢架搭配构筑的建筑物，建筑风格独树一帜，从外观的各个角度来看，临街的多面三菱锥的造型非常显眼。设计者喜欢用金字塔风格的几何状造型，贝聿铭认为这是"大胆的几何图案"。但这并非能够得到所有人的认同，因颇具微词一度曾被列入世界最丑十大建筑之一。贝聿铭先生是我们喜欢与欣赏的建筑大师，不同看法下也仅能说这是座有争议的作品而已。

托莱多大学视觉艺术中心——盖里的碎裂城堡

托莱多大学视觉艺术中心

1992 年在弗兰特·盖里的领导下建成。盖里是一位自称受波普艺术影响远大于解构主义哲学的美国建筑师。在建筑沿街立面采用封闭退进体块处理，只有少量竖窗，在起伏不定的坡地上表现出凝重的雕塑感。西南入口，则是一组铝合金框架浅绿色玻璃为材料构成的内院，开放、通透、轻盈与东北侧立面的围合、封闭、厚重形成强烈对比，设计与光照、噪声与环境无不紧密相关。

盖里善于运用材料的特点表达建筑个性，这里涂铅铜板是建筑表皮的主要材料，随着光线角度的变化，它的颜色从铁灰到深紫间自然转换，和恒定的雕塑感形体产生细腻对比。

Peter B Lewis Building

建于 1996 年，这是盖里第一栋完全用 Catia 进行数字化设计的建筑，是建筑行业生产流程革新的标志。曲线的拼插造型结合光洁的不锈钢材质，营造出比传统设计更加丰富鲜明的光影和空间变化。

凯斯西储花园 (Turn point Garden)

菲利普·约翰逊作品，他的设计经常具有很强的抽象性和审美观。这位美国建筑师、建筑理论家，出身于克利夫兰，是历史上第一届普利兹克奖得主，有人称其为美国建筑界的教父。

7月17日

昨天到酒店已很晚，一直休息至上午11点退房时间开始穿越这个宾州的第二大城市匹兹堡。(★小贴士：美国酒店中午退房时间为上午10点至下午2点不等，所以住店时先了解清楚为好，免不必要损失。)

我们首先领略的匹兹堡城市风貌是钢铁。市区河上有"桥梁交响乐"之称的500多座钢铁桥梁组合，是钢铁构架了这座城市。密集的桥梁与多层立交道路穿插交叠组合，我们初来乍到者对交通状况复杂的茫然可想而知。驾车至此即便有导航提示，还是会迷失路径而反复迂回其间不得出，但正因走了些错路，也由此看到计划线路外的更多老街区景观，看到城市风貌的另一个重要层面，就是匹兹堡保护一些区域的工业遗产作为城市复兴的基础。走到阿列格尼河东岸的"走廊区"，这些"钢铁之城"的遗迹，曾经是工厂、仓库、码头、员工住宅等，现在这些建筑被保护、修复，有的被改造成食品批发超市、夜总会和文化设施，成为展示城市独特历史博物馆一样的文化场所。将历史建筑推向市场，获得商业上的成功，正是这种挟裹在就业机会与经济发展之间的改造，使老城区重新焕发出活力。

作为文化艺术场所，必须提到从这里诞生的安迪·沃霍尔，被誉为20世纪艺术界最有名的人物之一，创造了最能够代表工业社会的文化流派——波普主义，把美国波普艺术推向巅峰并影响了世界。沃霍尔的作品创作中，由于他选用题材和创作内容的广泛，作品开始突破以往单一模式，体现出强烈的创新精神。其最为明显的特征就是机器生产式的复制。他有一句著名的格言："我想成为一台机器"，完全相同的主题元素或者不同色相的主题元素在同一个作品中不断重复出现。安迪·沃霍尔画中特有的那种单调、无聊和重复，所传达的是某种冷漠、空虚、疏离的感觉，表现了当代高度发达的商业文明社会中人们内在的情感。

安迪·沃霍尔的成长过程与其在匹兹堡的生活时期的社会变革密切相关。显然，画家在波普艺术中的开拓和革新也得益于当时大工业的背景。安迪·沃霍尔对现代艺术的多样化和互融性起了积极的引导作用。

从钢都到全美宜居城市，匹兹堡是在新经济转型中得以华丽转身的良好范例。这座钢铁旧城已由医疗、教育、金融业取代钢铁，成为新支柱产业。这倒真是我们友好城市间要学习借鉴的。

下午3：00时，赶到匹兹堡东南郊，到达熊溪河畔赖特设计的流水别墅。在服务中心经工作人员确认过我们行前网上预订时间，如约办理参观手续(流水别墅一定要预约参观)。门票18美元/人，整个参观组织有序，分别组成一个个10多人的小团队，由导游带领参观。而这些导游多是中老年妇人，大都是这个基金会的义工。我们的导游精神饱满、自信、热情而且工作认真，时不时地提醒我不准拍照等注意事项。

按计划今晚露营，6：30时出发，驱车2小时，8：30时赶到营地管理中心天色已晚，管理人员已下班，告示牌上有管理章程提示："可自取填写表格并选取营地位置编号，在装表格信封内附10美元营地住宿费，投入专用营地信箱注册即可。"按程序办理好营地住宿手续，因第一次在森林里宿营，心里还是有些忐忑不安。我们投币选定了一块靠近路边的1号营地，觉得比森林与溪流边更有安全感，虽然那里应该更有情趣。开车至营地位子时天色已暗下来，匆忙找到一块看似可安置帐篷的平坦空地，赶快安营扎寨休息了。入夜空气清新凉爽，仰望星空妙不可言，虽偶有车辆经过的惊扰，但也增强了我们第一次野外露营的安全感。

桥，钢铁匹兹堡

匹兹堡市由于坐落在阿勒格尼河、莫农加希拉河与俄亥俄河的交汇处，使它成为美国最大的内河港口之一。匹兹堡城区河道纵横景观亮丽，对于我们来自长江与汉水交汇，江河割据武汉三镇的江城人来说倒是有种亲切认同感。不仅如此，匹兹堡曾经是以钢铁工业为主的城市，有“美国钢都”之称。其他机电设备等工业制造业也十分发达，近二十年该市工商业发展很快。在市中心“金三角”一带，新建的高楼大厦林立，它拥有的大公司总部的数目在全美仅次于纽约和芝加哥，居第三位。教育体现在市区里有近 10 所大学，其中包括知名的匹兹堡大学和卡内基 - 梅隆大学。铁路、公路、水运、航空交通十分发达，这与九省通衢的武汉在中国的城市地位相似。匹兹堡与武汉两市结为友好城市后，友好互利将是两者交流的主题。

梦幻家园——赖特流水别墅

流水别墅

弗兰克·劳埃德·赖特是20世纪美国最重要建筑师之一。见到久闻的大师作品，兴奋之情难以言表，这座建在岩石与溪流之上的建筑，形态自由舒展，层次错落有致，主要房间与室外的阳台、平台以及道路，相互交织在一起。建筑材料主要用白色的混凝土和栗色毛石，使整个建筑与周围自然景色相融合，这是赖特实现"方山之周"梦想的地方。欣赏之余，匆忙中还抓紧画了几张钢笔速写以记之。

（关于这座近乎完美的建筑，也有几点提示：一是建筑用杠杆原理悬挑出大板块平台，以实现层次错落而获得更大空间，隐患是时间一长，山体岩层不稳定难以长久支撑，每年花很高费用在不断维护，这一问题一直困扰这个建筑基金会。另一问题，当时的业主考夫曼先生与设计者赖特先的身高不是太高，整个建筑层高现在看来略显低矮有点压抑。当然二位先生当时都未想到将来会对公众开放。）

Maryland
WILDLIFE
WATCH FOR IT!
STAY ALERT

SELF
REGISTRATION
FOR:
CAMPING
SHOOTING RANGE
FUELWOOD

晨6点起床，整理行装迁到真正属于我们的1号营地。（昨晚，因天黑地形不熟悉，偏离了1号营地扎营，入夜，营地管理员巡查至此，见到我们睡在路旁甚为惊讶，询问了情况后大笑，告诉我们真正属我们的营地，就在近旁树林中。我们现在的位置，仅是一个小的路边停车处而已。笑死人了，没想到第一次露营是以这样方式开始，怪不得昨晚还疑惑营地怎么这么简陋，而且地面也不平整，还有许多小石子。）

来到这个树林环抱的1号营地里，除了有架帐篷草地，还有用餐桌椅，一圈园木与石块围合火塘，还备有劈好的木柴，条件不错。本来我们可点一夜篝火，那有多么浪漫。为填补昨夜的愚昧，我们利用现在营地的设施，在餐桌上用青菜、鸡蛋煮一锅辛拉面做早餐，算是第一次宿营有个圆满结果。

7月18日

行车走 I 号景观大道，道旁林木繁茂，在夏日轻风中尽展美丽风华。不经意已上到山岭，岭上有一精致小酒店及几户人家，岭头建有观景平台，在此可鸟瞰整个马里兰州高地景色。站在山顶，一眼望去，远山含黛，浮云悠悠，层峦叠翠，各种颜色绚丽多彩。在这里远眺这起伏山峦，更显莽莽苍苍山野的浩瀚，真令人心旷神怡。山上的民宅有种新古典纯洁的美感，况且山地中负离子含量高，空气分外清新，山花烂漫，鸟语花香，加之点缀林间的木构亭台，景色更加赏心悦目，令人流连忘返。我们在此小憩，享受一下这恬静的氛围。

上午赶到华盛顿哥伦比亚特区，这是一个由法国人规划设计的美国首都（当年首任总统华盛顿请法国工程师皮埃尔·夏尔·朗方主持首都的总体规划和设计），一个承载着美国梦的城市。到达华盛顿首先映入眼帘的是为纪念美国首任总统乔治·华盛顿而建造的纪念碑，它位于华盛顿市中心，在国会大厦、林肯纪念堂的轴线上，是一座大理石方尖碑。方尖碑底部宽 22.4 米、高 169 米，塔内乘电梯达顶部可眺望全城。这种超大体量的方形石碑，是华盛顿最高的建筑，也是唯一超过国会大厦的建筑。华盛顿有法规确立这个城市任何建筑，都不许超过国会大厦的穹顶高度。以确保这个高度在这座城市视觉上的绝对性，也促使特区中心区保持了横向发展的特点。从而，今天也让我们看到，这个都市的天际线显得格外开阔。

在遍布华盛顿市区的大小两百多座纪念建筑中，就是华盛顿中心纪念园区也有第二次世界大战、朝鲜战争等战争纪念碑，而最为著名的当是华裔女性林樱设计的越战纪念碑，她是中国著名建筑师林徽因的侄女，当年这位耶鲁大四的学生，通过竞赛赢得设计方案的确定。这是一座沿着地面渐渐下陷的黑色花岗石墙，是一座"平地撕开的缺口"，地下的纪念墙，最高也不过 3 米。正因为没有标志性的主体建筑，在开阔的广场上显得很不起眼，里面凝重庄严。整个方案在通过与项目实施的过程中，不断有争议甚至强烈的对立，然而建成后得到人们广泛认可，可以说这座挖向地下的建筑，带给美国建筑史和战争史巨大冲击。

华盛顿市著名的国家广场，整个广场区域包括了著名的华盛顿纪念碑、美国国家历史博物馆、美国国家自然历史博物馆、国会大厦以及多处其他主题的博物馆、艺术馆等。

周日华盛顿像美国许多城市一样可免费停车，这也是这天人多的原因之一。今天天朗气清恰逢又是一个印第安人节日，国会前喷泉广场，汇集的欢舞者甚多，多属印第安诸部落的人。欢快的节奏，雄健的舞姿，使得眼前城市鲜活了起来。我举着录像机穿梭其间不停地记录下这激动的时刻，此时我们与这些一直为捍卫权利而赢得尊严的土著们，共享着这种尽情的愉悦。

参观国会山，这座市中心海拔 25.3m 的高地，通体白色大理石打造的美国地标性建筑，纯洁而且永恒，这座代表权力的建筑，在耀眼的阳光下分外夺目。这座乳白色的建筑中间有一个圆顶主楼和东、西两翼相互连接的大厦，美国国会参众两院都在国会大厦里办公。国会大厦建筑是华盛顿的象征，凸显自由民主的中心地位，在地理位置上也的确是当年城市规划的中心点，整个特区也是由此向外辐射出四个扇区。其规划理念在整个轴线中似北京故宫太和殿的位置，可见中国宫殿建筑“物以壮威”的设计理念其实早就全球化了。国会大厦后面相对而建的是国家图书馆，另一座美丽的公共建筑。

关于国会山我以前有两个误解，一个是误以为国会大厦是白宫。另一个以为巨大的 5 位总统雕像是刻在国会山上。现在弄明白了，后来问了一些未来过美国的人，有同样想法的还大有人在。

美术馆藏极为丰富且藏品一流，这里收藏了欧洲中世纪至今，美国移民时期到现代的艺术品 4 万多件。尤为珍贵的是达·芬奇、拉斐尔的作品。我个人喜欢的美国画家怀斯的作品也有展示，这可是影响中国画坛刮起过一股怀斯风的画家。除古典传统绘画外，现代各流派均有展出，而且允许拍照。在美国，除一些涉及当代设计版权问题的作品外，大多都可以拍照。当然这会有标识与工作人员提醒。当不停地浏览这些美术名作时，本人大有相见恨晚之痛，如果在我受艺术启蒙时能见到它们又会怎样？如果此行能做到为时不晚，那样就不虚此行了。

华盛顿是一个以政治为中心的城市。但是，它带给你的是很浓厚的文化气息，整个城市给人一种优雅和安静的环境。有人称华盛顿“这是一个承载美国历史的城市”，没错。我更觉得它是一个“传承历史的城市”。华盛顿的博物馆、展览馆、纪念堂等，还包括联邦政府机构如国会大厦、白宫、五角大楼、联邦法院、国家图书馆、档案馆都是免费开放的。参观者中不少是老人与儿童，国民普通享受到文化艺术及民主理念的熏陶，正如在肯尼迪中心墙上刻的一句话：“这个国家不能仅仅是物质上富足，而在精神上贫穷。”这个特区建设发展的理念，它关照到每一个生活在这里的平凡人的人生梦想。

夜幕中从华盛顿离去，车行途中到了超市集中的地方，在华人超市买些水果蔬菜、在韩国超市买了韩国海鲜面、在当地超市买了新鲜大海虾。（在美国除美国本土超市外，还有华人超市、韩国超市、印度超市、阿拉伯清真超市等，其实在许多不同民族聚居街区都有当地民族超市，非常方便。比如我们可选择在中国超市买速冻饺子，韩国超市买泡菜，印度超市买咖喱调料，清真超市买牛羊肉。）

住宿又从网上标得费城酒店 78 美元，晚上 10 点出发 2 个多小时车程到费城已是 19 日凌晨 1 点。达酒店住 802 房，住宿虽不算贵，但宾馆泊车得 38 美元，还是难以接受，于是在近旁街区自寻停车场，24 小时 21 美元，已算便宜。回到酒店安顿下来已是凌晨 3 点，在酒店煮途中买的大虾，在旅行中也没了进餐规律可言，吃完天色已渐亮方才入眠。

越战纪念碑

华盛顿国家广场 (National Mall)

这个开放型的国家广场，从国会大厦一直延伸到林肯纪念碑。华盛顿中线的这条纪念性轴线，是美国城市美化运动的集中体现。

国会山 (Capitol Hill)

最容易被国内游客误认为白宫的建筑，通体白色大理石打造，纯洁而且永恒，是华盛顿的象征。

穹顶上的 13 个天神象征美国建立时的 13 个州。

国家美术馆东馆

国家美术馆东馆 (East Wing of National Gallery of Art)

坐落于国会大厦西侧，与印第安人博物馆相对的国家美术馆。我们从贝聿铭设计的东馆入馆，参观后由地下长廊进入西馆。西馆由建筑师波普设计，为新古典建筑，有古希腊建筑风格。东馆是扩充的新馆，一座充满现代风格的三角形建筑。

印第安人国家博物馆

参观 1904 年 9 月开馆的印第安人国家博物馆.（印第安人博物馆经过长达 14 年的设计和建设，耗资 2.19 亿美元。博物馆由加拿大土著建筑设计师道格拉斯·卡迪纳尔设计，其独特的风格与旁边的航空航天博物馆形成鲜明对照。博物馆收藏有 8000 件艺术品，涵盖 24 个不同的印第安人部落。博物馆展览的内容分为 3 个部分："我们的生活"部分，介绍现代印第安人；"我们的人民"部分，介绍印第安人各部落的历史；"我们的世界"部分，介绍印第安人的传统文化。）因为是印第安人的节日，一层大厅临时成为土著人的表演场及有许多家庭出售手工艺品的卖场，我们也受到气氛的感染买了几件小物件以作纪念。

国立自然历史博物馆 (The National Museum of Natural History)

国立自然历史博物馆，是一座综合罗马与文艺复兴样式的雄伟大厦，始建于 1869 年，迄今已有 100 多年的馆史。馆藏有三千六百万余件，陈列内容极为丰富，里面展出了长 12m，高 5m 的恐龙骨架、高约 28m 的蓝鲸模型、563 克拉蓝宝石"印度之星"、重 31 吨的世界最大陨石等，是世界最大的自然类博物馆。身临其境感觉到的是整个展览，在巨大空间中用展品营造令人震撼的气场，让所有的观众无不为之动容，而其中突显的还是展品的稀有与珍奇。或许有更多国家能造出更宏伟、更新颖的场馆和展品呢？这是物质与文化的共存之道。

赫希洪博物馆
(Hirshhorn Museum)

美国唯一以环形投影建筑设计的博物馆。漫游其雕塑园中可欣赏到罗丹、穆尔、穆尼奥斯和列肯斯坦的大型雕塑作品。

国立美国历史博物馆
(National Museum of American History)

美国最大的国家综合性博物馆，馆藏达1700万件以上，其宗旨是“收藏、保管和研究影响美国人民经历的物品”，该馆1964年对公众免费开放。

Day 4　自由之地费城　行程 70 英里

7月19日

位于宾夕法尼亚州特拉华河畔的费城是美国最老、最具历史意义的城市。它在美国独立战争时期地位重要。1774~1775 年两次大陆会议在此召开，通过《独立宣言》；1787 年在此举行制宪会议，诞生了第一部联邦宪法；1790~1800 年曾是美国首都有 10 年之久，直到华盛顿特区的国会山庄建筑完工并开始使用才结束。所以，游览过华盛顿再到费城，会感觉在美国历史隧道间穿行。到了费城可看到众多的历史遗存，展现的是一幅幅美国历史的画面：印第安原住民—早期瑞典移民—美国独立战争中心—美国建国时首都。所以费城这座有 300 年历史的城市，是美利坚合众国的摇篮。

市区以居河间正中位置的广场为中心，耸立于广场的市政厅塔楼为城市制高点；广场四角各有一林荫广场。街道布局呈棋盘状。城市安静，适宜居住，有"住家城"之称。

想到今天参观内容很多，晨 8 时就到酒店外去看看，城区新旧建筑并立，老的建筑都很好地得以保存。我们住宿的酒店也是座历史建筑，就在费城国家议会楼旁。到城市中心处跑了一圈拍照，突下暴雨，刚好从城区中心十字形拱门通道出来回到酒店门口避雨。中午 11 点退房，去停车处把东西放进车里，赶往游客中心，办理登记再去独立宫参观。

其后，沿周边街区道路穿行，众多历史建筑，纪念馆、博物馆等文化设施密布，城中另有的特色，是画在建筑立面上的壁画，其特点是描绘细腻且富于想象力，构成城市亮丽画面。漫步其间整个城市充满人文气息，拥有一派和谐而温馨的景象。这也使我在欣赏这座城市时，想到早期也有称费城为"兄弟友爱之城"。

由于时间关系，很遗憾没能参观文丘里另一作品"费城的母亲住宅"。1961 年，文丘里的母亲作为年轻建筑师文丘里的委托人，请他为自己设计一幢新居。这是文丘里的第一个重要作品，它体现文丘里所提出"建筑的复杂性与矛盾性"，以及"以非传统手法对待传统"的主张，是后现代主义建筑思潮中一节响亮的前奏。

一直走到河边港口，费城港是世界最大的河口港之一。有运河沟通特拉华河和切萨皮克湾。这里的富兰克林大桥是世界上最大的吊桥，我在写完这句话时感觉还得加上"之一"比较可靠，现在所有的建设项目记录都有可能被随时刷新。河中停泊有巨大的战舰，河畔有露天剧场，让人想到《战争与和平》。

有人说费城是一个适合步行的城市，如果有 3 天时间的话，即可细致地漫游全城。

晚 6 点驾车往普利斯顿，今晚计划去朋友家住两天，途中下起暴雨，晚上友人家用丰盛的晚餐招待我们。

独立厅/独立钟/独立游客接待中心

从历史上称费城为自由之地，在现实中今天就见有人在一群支持者的簇拥下在独立广场上演讲，背后有人展示美国国旗映衬，前面有记者们现场报道，不知是在做竞选演说还是有提议法案，但现场气氛与这个城市倡导民主自由的历史背景极为吻合。

国家宪法中心
(The National Constitution Center)

三权分立制度是指把国家的立法、行政、司法三种权力，分别由议会、政府、法院独立行使并相互制衡的制度。

独立厅 / 独立钟 / 独立游客接待中心

1730 年建立在国家独立公园独立广场内的独立宫，费城最有名的建筑，这是一栋传统的两层乔治式红砖楼房，白窗、尖塔，是1776 年 7 月 4 日宣布独立宣言的地方，珍藏着著名的自由钟。自由钟又称"独立钟"，是美国独立的象征。每逢美国国庆日(7 月 4 日)，都要敲响象征美国独立的钟声。

造币厂和天佑美国

费城造币厂直属于美国财政部，是美国最早的造币厂，始建于 1792 年，当时华盛顿任总统，费城是美国的首都。每个国家的造币厂，一般都比较保密。而位于费城第五街和阿齐街口的美国造币厂却很开放，每周一至周五，不但可以免费参观，而且还印有导游图和资料，让有兴趣的游客以自我导游方式参观浏览。当眼前一个个金属币滚滚涌现，便感觉到这是一个庞大国家机器不断运行的组成部分。

天佑美国，取之祷文"愿上帝保佑美国"，在美国钱币上都印有此文，体现爱国的美国精神。

壁画之都及公共艺术

富兰克林故居

城区还有一处重要景点就是富兰克林故居，这里有出生于费城的世界著名建筑师文丘里为纪念美国独立二百周年而设计的"幽灵屋"。由于故居已无存，设计方案取其意而弃其实，用不锈钢按原来房屋的轮廓，建了两座透空的框架，参观者可以通过反射镜看到两百年前的房基。故居没有复原，假的还是假的，但真的却更突出了。文丘里以标记和符号为装饰，运用简单的几何图形，并将其融入他的设计中。他说道："建筑学应该涉及建筑的社会和历史之间的关联"，独特的表现形式使其独树一帜。在故居地下建了一座博物馆介绍富兰克林这位政治家和科学家奋斗的一生。

Day 6　大苹果纽约　行程 110 英里

（★小贴士：美国共有大约630万公里的道路，其中高速公路达85000公里，收费公路为5660公里，此外还有大约2410公里的城市收费道路。西部的各州一般不直接收费，都含在汽油费里了。只有东部才有收费站。但是有很多桥还是收费的，当然很多时候收费的桥梁不是唯一的出入口，大部分可以走另外一些旧一点的桥梁。在美国即便是走那些收费的道路、桥梁，每次也就几美元而已。）

7月21日

昨天休整了一整天，所以省略其记载，调整精神恢复体力，今天的目标是纽约。

清晨 7：00 时从普林斯顿驾车前往纽约曼哈顿对面的斯塔滕岛，一个多小时后抵达，其间有段道路收费 2 美元、过桥费 8 美元，小岛港口停车 5 美元。

纽约为解决交通拥挤问题，将停车场设于对面的斯塔滕岛也是举措之一，为此，24 小时提供免费渡船往返其间。我们在搭乘渡船行程中，还可近距离观赏矗立在曼哈顿岛入口，自由女神岛上的自由女神雕像，同时，也可由远而近地一览曼哈顿岛全景。在曼哈顿区云集了许多世界著名的大公司、大银行、大保险公司和证券交易所，摩天大楼林立，有“站着的城市”之称。

我们看纽约这个城市风貌，建筑形态与路网构架是密切相关的，曼哈顿城市路网，是 1811 年统一规划布局和建设的，在上、中城区呈长方形纵横式网格系统。竖向标志性建筑与节点性的广场，在道路的框架约束下，如帝国大厦、中央公园形成一种连续与停顿的节奏感。营造出城市空间的秩序性。下城区由海岸线布局，有大半填海无序扩展形成自由形态路网，所以，在百老汇大道和第五大道交叉的一个三角形的街区上，才能促使熨斗大厦这种建筑出现，经济会影响城市形态。

大都会博物馆。搭乘地铁 6 号线，前往纽约中央公园东边大都会博物馆。这是美国最大的艺术博物馆，也是世界著名博物馆。

早上 10 点多钟进馆，博物馆占地 13 万 m^2，共收藏有 300 万件展品，展览内容实在太丰富，琳琅满目的艺术品令人目不暇接。我连续参观印象派画、美国风景画、现代绘画、印第安艺术、罗马雕塑、欧洲家具陈设、日本艺术、中国艺术、埃及艺术、秘鲁艺术等系列馆藏。在这里简直是浏览了整个世界历史文化的发展史。

参观中印象深刻是，大都会博物馆中复建的中国苏州园林“明轩”，对这些熟悉中国传统山水园林的我们来说分外亲切，无论是取材、布局、尺度、造型、装饰、理山、造水、叠石，都可视为中国苏州古典园林代表作。

还有令人难忘的事，在参观埃及馆时有位中年黑人馆员，看着我们手持的相机如同长枪短炮的镜头，同是爱好摄影者便攀谈起来，问起华宁情况，当说起此行我们父女计划用 50 天自驾环游美国时，他表示十分惊讶并羡慕，他说他也有这个梦想只是实现不了，祝我们一路顺风。当我们又走过几间展馆后，忽然听到一个声音用生硬中文在喊“华宁”，原来是刚才那位馆员来叮嘱华宁，自驾旅行过程中，开车达 5000 公里规定保养时一定要按时换机油。分手时还在说“千万不要忘记”。在这异国他乡有人给予这种情真意切提示，顿时让我们心生丝丝暖意。

下午 5：30 时闭馆，意犹未尽的我们是最后一批被“清理”出门的。出馆后步行于著名第 5 大道，首选去第 58 街的 24 小时全年无休苹果旗舰店。

近旁有纽约最大的玩具店，几乎各种玩具都可在此寻到踪迹。销售员们扮成可爱的卡通玩具促销，把这里营造成一个童话的世界，以致儿童们一旦入内便不想离去，年长者则可从中寻到孩童时的回忆。

晚餐吃的中国餐馆的广东烧腊饭，俩人花了 17 美元，味道正宗且分量十足。饭后走到时报广场，这是曼哈顿的心脏地带，也称为“世界的十字路口”，其地位举足轻重。这里巨幅的电子广告牌吸引着人们的眼球，纽约广告业用高科技手段，演绎的感官刺激在这里得到完美的展示，让人们领会到强烈的都市特性。

在这五光十色的夜幕中，乘 1 号线地铁回到曼哈顿码头，夜晚 10 点乘渡船往斯塔滕岛，回望曼哈顿正在一片灯光阑珊处。深夜 12 点才回到住地。

金融帝国——华尔街

W. H. CHRISTIAN & SONS
UNIFORMS
DRY CLEANING & LAUNDRY
new balance

华尔街

纽约，欲望之都，财富梦与贫穷的碰撞

走进华尔街街口，这里是美国主要金融机构所在地，看到已被人们摸得通体透亮的华尔街铜牛，从中依稀嗅到金钱的铜臭味道。虽然美国已处金融危机严重时期，但这个称之为大苹果的城市呈献的还是一副光彩的外表，著名的华尔街、百老汇、帝国大厦、格林威治村、中央公园、联合国总部、大都会博物馆、大都会歌剧院、第五大道等仍是车水马龙、人头攒动。只是见到市政厅街旁，在警察的簇拥下秩序井然的高举反失业、要工作的牌子游行人群，猛然间使人感到背脊后潜在的一股寒流。

UNStudio

第五大道的闪耀——大苹果的大苹果

时报广场 (Times square)

苹果旗舰店 (Apple Flagship Store)

这个新颖的地下商店有个非常特殊的高达约 9.6m 的玻璃立方体地面建筑物，共使用了 538 块玻璃，由玻璃旋梯入内，苹果标识悬浮在这透明的立方体间，这可是一座苹果粉丝们心目中的圣殿。

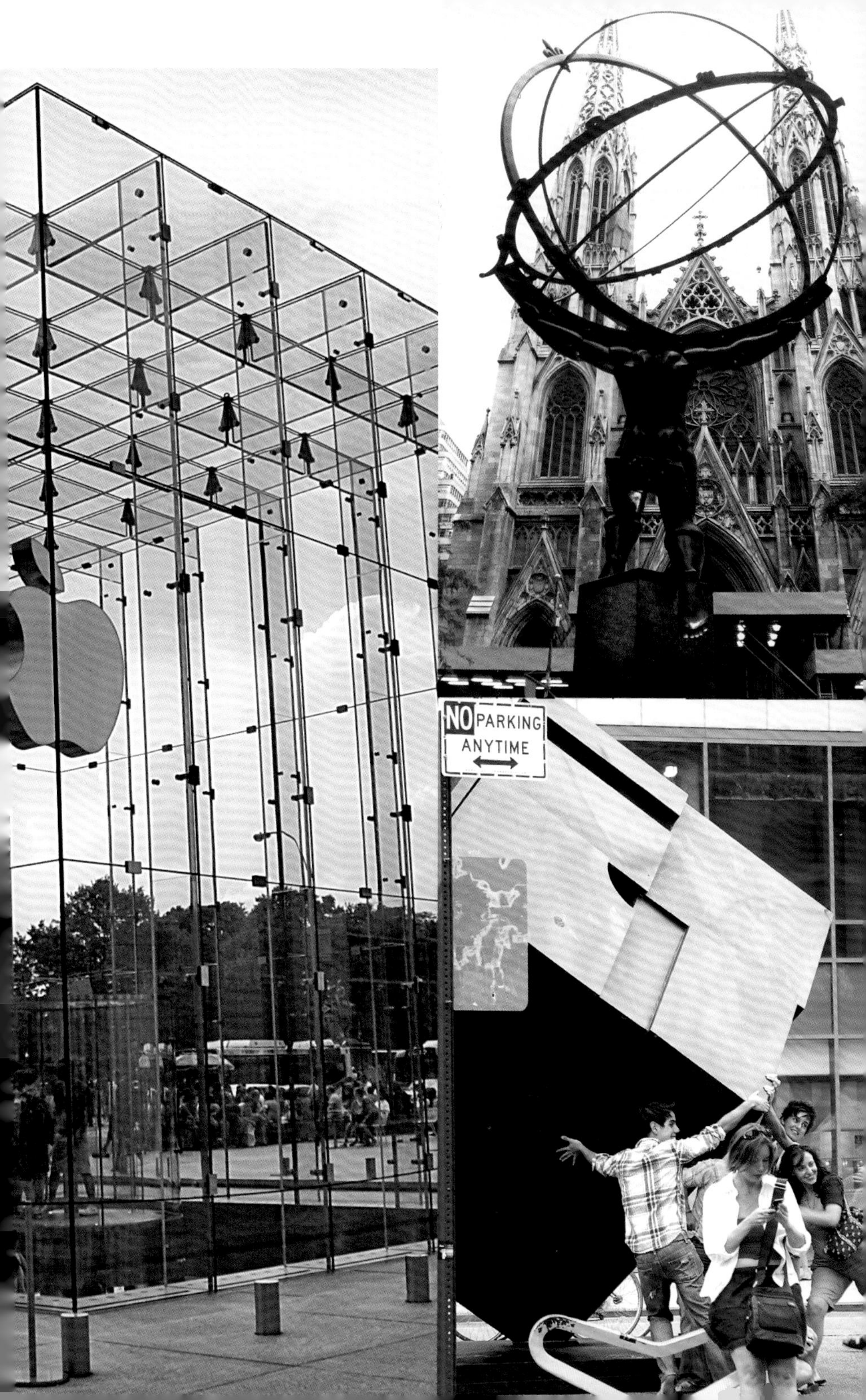
NO PARKING
ANYTIME

盖里的纽约——IAC 总部建筑

这是 Frank Gehry 在曼哈顿的第一个建筑。

高线公园 (High Line Park)

曼哈顿西区的标志，这是华宁在纽约建筑事务所实习时喜欢光顾的地方。这条高架路从纽约市肉库区直通到曼哈顿西城区的第30大街，总长约2.4公里，高度距离地面约9.1m，最宽处约18.3m。沿途可欣赏美景和哈德逊河，还能经过一些地标性建筑，比如自由女神像和帝国大厦、洛克菲勒中心等。

高线于1980年功成身退，至今已废弃近30年。一度面临拆迁危险。在纽约FHL组织的大力保护下，高线终于存活了下来，并建成了独具特色的空中花园走廊。

布隆伯格说：“我们没有选择破坏宝贵史迹，而是把它改建成一个充满创意和令人叹为观止的公园，不仅为市民提供更多户外休闲空间，更创造了就业机会和经济利益。”为纽约赢得了巨大的社会经济效益，成为国际设计和旧物重建的典范。

从城市设计的角度来看纽约，在立市之初开辟公共空间中央公园，这块城市绿肺带给这个城市的影响是巨大的。更重要的是在城市可持续发展与建设更新过程中，利用城市高架线这一废弃空间，创造性改变为层叠交替的公共活动空间，高线公园设计从生态角度立体扩充绿地面积，扩展游览休闲区域，同时也提升欣赏城市风貌的界面。

高线公园建设中更重要的一点，验证了一个破窗原理的过程，窗户玻璃破了及时更换则无碍，如弃之不理，不久会接二连三敲破全部玻璃毁掉窗户。高线公园的开辟唤起那些遗弃区域的活力，提升经济与文化对这些区域的直接影响，如同法国的拉维莱特公园的建立也是很好例证。在思考这个问题时候，我头脑突然涌现梁思成先生，当年对北京旧城墙改造成人民公园的设想，真是一件未能实现的憾事，其理念产生是60年前，想想很伤感。

柯柏联盟学院 (Cooper Union)

以建筑专业最为著名的私立大学，为美国境内少数能提供全部学生全额奖学金的院校。这栋2009年才落成的著名的新教学楼，由于柯柏联盟学院拥有全美顶尖建筑专业的地位，自然成为引起世界建筑界强烈关注的建筑。纽约最著名的建筑设计所 Morphosis 的普利兹克奖获奖形态结构工程师 Thom Mayne 从150名竞争者中脱颖而出，成为新的柯柏联盟学院建筑的设计者。

这所占地约 15750m^2，9层高，采用最新的立面技术，利用半透明打孔不锈钢板材点缀包裹的公共建筑，容纳了学院40%的学术空间，取而代之的是重构的最先进教室，实验室，工作室和公共区域。

盖里的纽约——云杉街 8 号

博物馆 mile——大都会的大都会

大都会博物馆

（★小贴士：大都会博物馆门票：成人 20 美元 / 人，65 岁以上老人 15 美元 / 人，学生 10 美元 / 人。但博物馆为照顾到低收入者也能观赏艺术，那么仅付 1 美元也可同样取票入场，购票时你付 1 美元购票，售票人员绝不询问缘由且非常尊重个人的选择。）

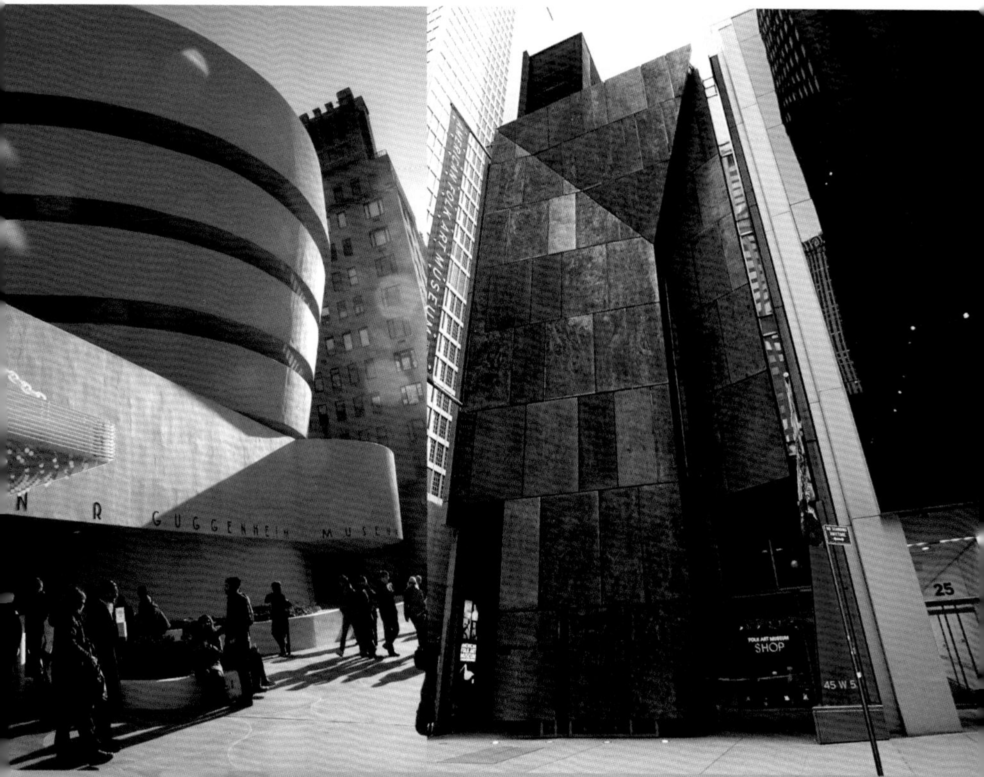

上东的优雅——古根海姆博物馆

纽约古根海姆博物馆，是世界上最著名的私人现代艺术博物馆之一。该建筑为赖特晚年的杰作。1947 年进行设计，1959 年建成后，一直被认为是现代建筑艺术的精品，以至于近四十年来博物馆中的任何展品都无法与之媲美。建筑外观简洁，白色，螺旋形混凝土结构，这个可称之为“现代主义波浪的”螺旋本建筑，与传统博物馆的建筑风格迥然不同。

美国民俗博物馆
(American Folk Art Museum)

纽约现代艺术博物馆
(Museum of Modern Art)/ 谷口吉生

7月22日

一觉从昨夜 12：30 睡到今天上午 11 点，中间未曾醒过，解除了疲劳，好好恢复了一下体力。

普林斯顿地处纽约和费城之间，是一座别具特色的乡村都市。我们所在社区四周绿树成荫、绿草丛丛，景色幽雅。下午大家一起赴普林斯顿大学。

普林斯顿校内有很多后哥特式的建筑，大多数都是 19 世纪末 20 世纪初修建的。Nassau Hall 是校内的主管理楼，建于 1756 年，曾在 1783 年间短暂地被作为国会大厦使用，是普林斯顿最古老的建筑。一些现代的新建筑有一些是罗伯特·文丘里、Hillier Group、德米特里·波菲里奥斯和弗兰克·盖里设计的，从中可明显看出建筑发展的轨迹。

在这爬满常春藤的哥特式校园，历史上爱因斯坦在这里度过了他生命中最后的 22 年时光，它也记录了博弈论大师纳什波澜壮阔的人生经历，永不停歇地讲述着"美丽心灵"的故事。听学生讲现在校园还可偶见那位学界怪人匆匆走过的身影。我们虽没能有幸巧遇纳什，但在校园里一些与我们擦肩而过的长者中，肯定不乏有院士与诺贝尔奖的获得者，这是一块智者云集的圣地。

我们走到一处我称其为神秘园的精致漂亮的花园前，有一幢西班牙风格的小楼，设想是一个会所、研究所或学校一高管办公处。不想了解后却是一处公共设施教工食堂，真有点美得不可思议，深感浓浓的文化氛围笼罩下的贵族气息，体现人性亲和力产生的一种自然的和谐。

生物系研究中心则是一栋现代科技体现的绿色节能新建筑，除外廊排列智能的遮阳板可随日光移动自动调整角度外，室内设计也体现与室外建筑在装饰上的一致，一艘船与帆的主体造型构思。宽阔大厅中有座黑色贝壳外形的研讨中心（据说是盖里所设计），坐在里面有种童话般的感觉，连白色海贝形座椅都洋溢着这种海洋气息，这些都使这个严谨的研究机构，更具浪漫活力。

夜 10 点多我们返往住处，途中还见到位于普林斯顿大学东校园新建的刘易斯科学图书馆，这是弗兰克·盖里为普林斯顿设计的一座漂亮的钛金属覆面图书馆，这座约 8000 多平方米的多层建筑容纳了普林斯顿的科学书籍、科研空间和教学空间等。盖里利用 Catia 软件为建筑塑形，并设计了诸如波浪形淡黄色迎宾桌等附件，这座建筑的内外采用了大胆的色彩。夜幕中只能领略灯光投射的色彩及光影难观其全貌。这个校园内还有 Michael Hopkins、Raphael Moneo、Christian Menn 设计的建筑，今天时间太忙，如有整天时间或许能比较全面地一览校园建筑全貌。明天前往波士顿，计划途中再看下耶鲁大学。

旧瓶装新酒——古典的浪漫

Scully Hall, Princeton University /Machado and Silvetti Associates, Inc.

1995 年的新规划，尊重校园环境已有的肌理，使新楼仍旧能和谐地融入古老校园的环境。

弗兰克·盖里设计的非正式会议区

SOMME
CHATEAV-THIERRY
YPRES
In Memory of THE MEN of YALE
who, true to Her Traditions,
gave THEIR LIVES that FREEDOM
might not perish from the Earth
·1914·ANNO DOMINI·1918·

7月23日

上午 10：30 时出发，下午 4：30 时抵至纽黑文市耶鲁大学。

1701 年创办的耶鲁大学，作为"常青藤三大家"之一，它和哈佛大学、普林斯顿大学齐名，耶鲁校园建筑以哥特式和乔治王朝式风格的建筑为主，据闻校园内有 25 座大楼都出自美国名建筑师之手，多数建筑有百年以上的历史：其中以高约 60m 的哥特式建筑——哈克尼斯钟楼最为有名，当其钟声响起，历史的厚重感扑面而至。耶鲁大学最大的斯特林纪念图书馆，1931 年建成，以捐款人名字命名，这座有点像 15 层的哥特式建筑，设计者就是寓意图书馆是知识的教堂，现在一层是对公众开放的，谁都可共享这知识的殿堂。

校内我们见到古典建筑和少数现代风格的建筑交相辉映，把整个校园点缀得分外典雅和庄重。耶鲁大学自由的学术气息、深厚的文化氛围、庄严凝重的历史体现与深厚的文化底蕴和人文素质大概是这里培养出政治家及美国最近三任总统之故。

傍晚整个校园显得宁静，幽雅。徘徊其间对于这座人文科学殿堂的景仰之情就会在人们心头油然而生。

耶鲁出来，走哈德逊桥（乔治华盛顿大桥）过桥费 3 美元，新泽西州过路费 2.75 美元，停车 1.25 美元（1.25 美元 / 小时）吃墨西哥卷 6.47 美元 ×2 = 13 美元，这种食品面饼里卷了许多蔬菜肉类和沙拉调料，可以有选择性也可各种内容都点，卷起来近 0.3m，这种分量通常我们很难一次全吃完，但饥肠辘辘时却可以。晚 8 时到汽车旅馆，住宿费 39 美元+税= 43 美元，这是我们在前面公路休息站自取的本州旅店广告宣传册上的住宿打折券，找的附近相对便宜的 MOTEL 汽车旅店，凭券享受的优惠价（汽车旅馆相对简易，通常不提供早餐。）

Beinecke 图书馆

Yale University's Beinecke Rare Book and Manuscript Library (BRBL)

世界上最大的用于收藏珍本古籍的专门性图书馆，由现代古典主义建筑师，戈登·邦夏（Gordon Bunshaft）所设计。这个长方体状的图书馆主体外尺寸采用了 1：2：3 的柏拉图和谐数，并由 4 个超大立柱支撑，产生悬挑的视觉效果。因为要避免阳光直射，整个立面没有窗户，用的是半透明纹大理石板。精巧的设计和其所收纳的珍贵书籍为它带来了"珍宝盒"的美名。

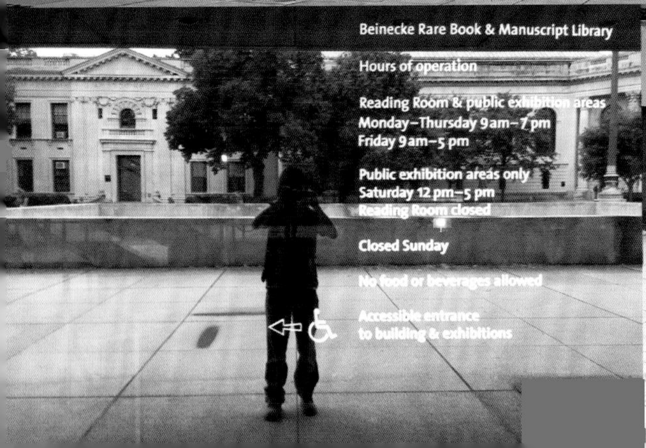

Beinecke Rare Book & Manuscript Library

Hours of operation

Reading Room & public exhibition areas
Monday–Thursday 9am–7pm
Friday 9am–5pm

Public exhibition areas only
Saturday 12pm–5pm
Reading Room closed

Closed Sunday

No food or beverages allowed

Accessible entrance
to building & exhibitions

Sterling Memorial Library/ James Gamble Rogers

可以说是耶鲁最华丽的建筑，建成于 1930 年，是一座让人联想到欧洲大教堂的学院派哥特式建筑。

7月24日

上午10：30时，出发到罗得岛州普罗维登斯市，去参观罗得岛设计学院。

罗得岛州是美国最小的州，普罗维登斯是其首府，城市只有十几万人但有许多维多利亚风格建筑，给人印象十分纯净精致，整个城市充满古典的韵味。尤其是这天是休息日，街道上行人很少更显静谧。

位于普罗维登斯的罗得岛设计学院是全美顶尖的设计学院，在世界设计类院校排名也名列前茅，学生作品屡获“设计界的奥斯卡奖”红点设计大奖。

我们前去参观设计学院艺术博物馆，门票3美元1人。这是一个拥有八万多件藏品的著名大学艺术博物馆，从远古到近代的绘画雕塑、工艺美术，乐器，服装、家具设计分门别类进行陈列展览于一幢三层楼建筑的45个画廊中。印象突出的是这里汇集收藏了许多我们熟悉的法国印象派画家的绘画名作，还有雕塑家罗丹为大作家巴尔扎克做的一件裸体塑像，这是比较写实性的第一稿样。据悉，巴尔扎克本人见后很不满意，后经罗丹创造性地用披肩包裹住其肥胖臃肿的躯体，只露出智慧头部的第二稿，才有我们现在能在巴黎罗丹艺术馆所能见的巴尔扎克雕像名作。不来此馆，真不知其中还有这样一段有趣的故事。

美国很多名校都有收藏艺术品的传统，这是充分体现一个学校实力的象征。这也是一个良性循环的过程，像罗得岛设计学院这样的名校，肯定拥有许多有成就的校友，这些校友会为母校捐献大量钱物，很多艺术品都是由校友购买捐赠给学校的。

中餐在街边一个很有品位的小餐厅吃当地特色的三明治，沿着设计学院博物馆门前，当地最有名的班尼弗特街的历史街区游览，这条街道拥有100多座涵盖早期殖民时期到希腊和维多利亚时期风格的建筑，代表性的有希腊风格的普罗维登斯雅典娜神庙、美国第一施洗约翰教堂、一座乔治亚人内部12间房装饰华美的约翰布朗府邸。近旁是富有哥特式艺术风格的布朗大学美丽校园。

下午又专程去罗得岛设计学院的画室走了走，这可是座有些年头的老建筑，木质的楼梯走上去咔咔作响，见到暑期还有个别学生在里面进行绘画创作。我们还参观了学生作业陈列，用铁丝编造构成各种鞋子空间立体造型的练习作品，这种表现很好地显现三维的空间立体感，鞋子造型的模型，不再局限在纸上谈兵了。我们还发现学院的一个特棒的标本陈列室，有动植物、人骨骼、多种海洋生物及昆虫标本，藏品包罗万象、异常丰富，有些标本非常罕见。学生有条件近距离观察这些实物标本，借此研究奇特的造型韵律。当人以独特视角去观察剖析一些生物的结构，能更好地描绘与创作出纹饰图案。在设计中通过观察众多对象触发灵感，这是我国此类院校所欠缺的学习硬件。

晚上到罗得岛另一个主要城市纽波特，看美丽大道别墅区及海景，这里是富人区，豪宅云集的地方，代表性富豪家族庄园如：纽约中央太平洋铁路董事长康内留斯·范德比尔得二世的暑期度假别墅听涛山庄。我想这通常得家族几代人才能有这样的财富积累。豪宅的私人领地范围我们不得入内，但好在有听涛山庄这类豪宅由富人们捐给公益部门，使这些建筑可作为公益设施向公众开放参观。我们到达听涛山庄时已过每天10点到17点的开放时间，可惜未能看到这些建筑室内的豪华陈设与装饰。虽是富人区，体现公民平等公众性的是沿海岸景观道是开放的，供人们散步和欣赏海景。

入夜，我们沿着5.5公里长的海崖散步道踏足到怪石嶙峋的悬崖边，激浪拍岸，涛声一片，银色月光映衬下的海面使整个夜色楚楚动人，令人流连忘返。

夜晚去超市买蛋糕、牛奶。此地住宿费高，网上竞价旅馆流拍。现在再去营地天黑路远，天又下起雨来，回到昨天汽车旅馆因没再另取广告册上的优惠券，想按昨天的优惠价格继续住旅馆，碰到的却是位吝啬的店主，一气之下干脆开车去沃尔玛停车场，这里是24小时营业，在停车场可免费泊车又有监控很安全。好在我们车内空间较宽大，放平前排车座，裹上睡袋凑合在车上睡了一宿。

罗得岛设计学院（RISD）

Daybreak, Cast Bronze, 1968 at RISD beach

设计师 Gilbert Franklin 是罗得岛校友

铸铜雕塑

Edna W. Lawrence 自然实验室

罗得岛设计学院中充斥着大量的校友作品，校区中心的立体雕塑 Daybreak，是校友 Gilbert Franklin 设计的，而校艺术中心除了各种校友捐赠外，也收纳了许多校友作品。最有意思的是这里的艺术馆商店所售的各种精巧的工艺品，竟也是校友们的作品，质量之高令人称道。艺术品的商业化和教学研的产业化在这里得到了生动的体现。开放的氛围，治学的环境，以市场引导艺术，以艺术培养市场的良性循环，推动罗得岛设计学院屹立于美国艺术院校之巅。

罗得岛设计学院艺术博物馆 (Museum of Art, Rhode Island School of Design)

Astors' Beechwood Mansion

1851 年纽约商人 Daniel Parrish 的私宅，今天纽波特唯一的生活历史博物馆，演员们每日表演当年的日常生活。

纽波特艺术博物馆 (Newport Art Museum)

美景大道 (Bellevue Ave)

纽波特的美景大道因豪宅聚集而遐迩闻名，到此观光无不慕名一览豪宅风貌。

Day 10 老绅士波士顿 行程 210 英里

7月25日

由于昨晚睡停车场，怕早上人多看到我们不好意思，早上7点就开车出发，20分钟到波士顿。

先参观波士顿艺术博物馆，参观出来后去市区，有一家我们国内称之为文化用品商店，以售绘画、制图工具材料为主，正有好几款水彩写生簿打折，纸质很好我挑了好几本，价格比起国内便宜很多，还买了些油画刀、颜料等画材。

波士顿城区是20世纪70年代通过旧城改造恢复生机的一个成功范例，是一个新老建筑相互混搭的城市。我们转乘地铁去了一个著名商业区昆西市场，整个广场上有很多具有历史价值的建筑物。市场的中央二层建筑外形呈长方形，由亚历山大·帕里斯设计，由巨大的传统新英格兰花岗石建成，内有许多的美食摊位，有许多餐厅集中在其间。其中最多的是新鲜龙虾、生蚝等，而旁边的建筑物内，则开了许多时装店及精品店。波士顿的龙虾可算是著名美食，入乡随俗的我俩人吃了煮龙虾，活龙虾现吃现煮味道可想而知，主要是尝鲜而已。

下午4：30时到哈佛大学，首先到达哈佛广场，校园门口街区是最繁华的地方，十分热闹，这里充满浓郁的文化氛围，广场开有多家书店，学术书籍齐备，进入书店内人头攒动，使人融入求知的渴望之中。

求是崇真，是哈佛大学立校兴学的宗旨。古朴的建筑风格与大片绿茵的草坪是对哈佛的第一印象。在哈佛校园引起兴趣的是一座古典建筑，有教堂般的空间与高大竖窗，不想竟是一个学生餐厅，这让我们重新诠释了"崇高"一词的定义。另一件则是一些校园广场的公共空间中，随意摆放着五颜六色的靠椅，一是为休憩、交流提供方便，更有意义的是，有心理实验证明，人们通过自由选择座椅的位置与朝向，可达到最稳定的心理状态以有利于学习与交流，可见校方的用心良苦。感慨万千之余，见中国内地旅行团的一群游客，是父母带着孩子来校园参观，问了一下原来是江苏省组团的"美东名校游"，目的是让孩子们先仰慕一下美国名校，激发孩子求学的欲望。一句话"可怜天下父母心"。

哈佛大学是美国历史最悠久的高等学府，300年的校史使之迄今已成为一座比国家更古老的学校。哈佛大学名列"常青藤联盟"之首的排名，是绝对的翘楚，可见其在美国的地位与声望。

哈佛的建筑物包揽了从殖民时期到现代的美国建筑的艺术风格和特色。主校园和商学院的校园是古典的，而波士顿校区是现代的。

麻省理工学院与哈佛相邻，也是一所在世界上享有一流大学的声誉、财富和影响力的学校，称为科技精英们的"麦加之地"。

今晚标到个二星级宾馆，二星级宾馆（二星级宾馆不都是家庭式宾馆，也有许多是包早餐的motel，反过来这种带厨房的宾馆一般只能二星到三星，因为厨房自己做饭的居所都不太可能很商务，公共设施比较一般。）是种家庭宾馆，价格不高但每间都有厨房，炉灶齐全，还配有锅碗瓢盆及刀叉，是唯一准允炒菜做饭的宾馆，特适合一些家庭在此短时间居住。

今天费用开支记了一下流水账，早餐吃当地的名点烤饼并点餐11美元，参观波士顿艺术博物馆门票20美元，华宁上次看过则去另处看展览5美元，地铁票10美元，晚餐龙虾30美元，中餐7.47美元，买水彩本35美元，加油24美元，住宿二星级旅馆43美元。共计：185.47美元。

波士顿美术博物馆（Museum of Fine Arts，Boston）

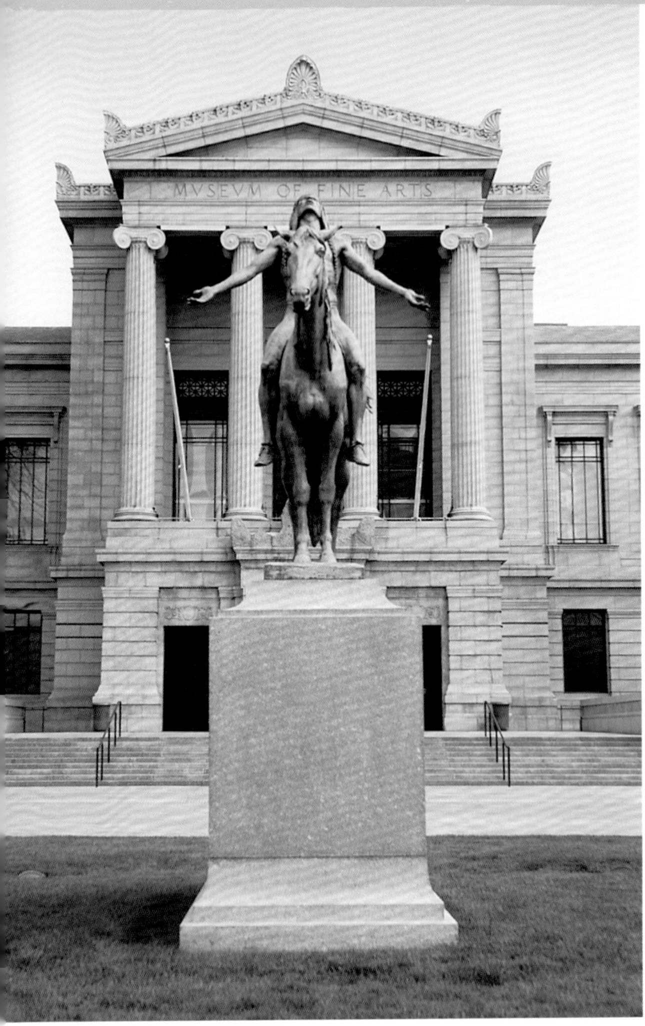

这是座建有希腊柱式门廊的古典建筑，门前广场有1个印第安人骑马塑像。该馆于1870年建立。博物馆的收藏品大约有350000件，艺术品分为：美洲艺术品、欧洲艺术品、当代艺术、亚洲艺术、大洋洲和非洲艺术、古代艺术、版画、素描及摄影作品、纺织及时装艺术、音乐。馆内最突出的亚洲艺术收藏，是西方国家其他博物馆无法比拟的。进去参观，好在服务台可取到中文布展导游图，印象深刻的是除馆藏艺术品丰富，有莫奈的《睡莲》、凡·高的《邮差老爹》和罗丹的雕塑等许多名作外，还有就是主馆穹顶上的人物天顶画辉煌气魄，有介绍记录了其创作的经历。

旧州府大楼 (Old State House)

市政厅（野兽派作品）

昆西市场

自由之路 (Freedom Trail)

全长 4 公里的自由之路由红色标志引导，穿越市中心，串联了 16 处重要历史建筑与独立战争遗址。

科学中心 (1969~1972 年)

(The Undergraduate Science Center)

哈佛最新、最大的建筑之一。它是一座外形像阶梯一样的大楼，层层楼梯告示哈佛学子要脚踏实地地攀登科学高峰，由前设计学院院长约瑟夫·刘易斯·塞特（Josep Lluis Sert）设计建造。

哈佛设计学院研究生院 George Gund 大楼，野兽派的代表作品
设计师：约翰·安德鲁，1972 年建。

哈佛广场上最大的书店
(Harvard Coop Book Store)

马萨诸塞大厅，建于 1720 年，是哈佛大学现存最古老的建筑物。

19 世纪末建立的富有罗马风格的塞弗尔大厅，20 世纪 50 年代建立的具有德国风格的供研究生居住的哈克尼斯公寓，古朴典雅的圣保罗钟楼等，处处显示着哈佛大学丰厚的历史文化底蕴。

Ray and Maria Stata 中心

设计师：弗兰克·盖里

Simmons Hall
设计师：史蒂芬·霍尔

CAROLINA SKIFF J12
YAMAHA

7月26日

早餐在酒店吃，休息至11点，开车往普林斯顿途中无意间参观了一座漂亮的灯塔——点朱迪灯塔。看见围栏上标牌提示，这是一座由海岸警卫队守护的灯塔，看着围栏门开着直接闯了进去。入内见灯塔旁营区小楼前有一小块纪念牌，纪念这里曾有第二次世界大战中被德国潜艇击沉过的战舰。今天天气特别晴朗，大海蓝天，波光碧影，红白相间的灯塔映衬在海天之间，不吸引眼球也难，赶紧拍了不少照片。看到灯塔旁、海滩边众多晒太阳的美国人，依靠在躺椅上，晒晒太阳，吹吹海风，看着荡漾的水面，享受着海阔天空的闲暇生活，或许这灯塔正伴随着他们守卫着对过去的记忆。

看着这些灯塔，使之联想中国城市中过去林立的红砖水塔，现在城市水泵增压的供水方式已使这些历史遗存淘汰，但有远见的开发商在新建住宅区时刻意保留一些水塔，就像上海新天地留住石库门，北京798留住20世纪50年代车间厂房工业遗存一样，备受人们青睐。

美国在19世纪有900座灯塔，星罗棋布地散布于全国各地的海岸。现在，美国仍然在使用的灯塔数目已经减少到了大约400座。卫星和其他现代化的导航设备，使灯塔几乎变为过时的东西。

历史上美国一度拥有一支看守灯塔的队伍，这支队伍由一些具有献身精神的人们组成。他们在偏僻的海岸巡逻，在海浪冲刷的海滩或远离陆地的岛屿上看守灯塔。在1939年，罗斯福总统预感到战争迫在眉睫，于是把灯塔的管理权交给了美国海岸警卫队，以便让看守灯塔的人同时也可以伴守着美国的海岸。

有记载表明，多年来，海岸警卫队一直不断地让一座座灯塔"退役"，至1989年，美国海岸警卫队打算撤走所有留守人员，实现灯塔的全自动化。然而具有强烈自由精神的参议员肯尼迪，他与波士顿有深厚的渊源，起草了一份议案，要求派人驻守灯塔。因此，灯塔又由士兵守候了近十年光景，这样灯塔被顽强地保存下来。

归途经过奥特莱斯，去看了下，补充买点衣物。

晚9：00时回到普林斯顿。

点朱迪灯塔是美国最古老的灯塔之一，1998 年期间政府同参议员肯尼迪达成共识：波士顿灯塔最终实现自动化，同时也是全美唯一还有海岸警卫队驻守的灯塔。

Tanger Outlet Center

美国奥特莱斯规模都比较大，在美国这些类似的商城，一般选址远郊，在离城区一小时左右车程的高速公路旁，最理想是在几个区域接壤处。其原由主要是这些地方地价便宜，便于建设宽大的停车场，大规模的店面，可汇集众多工厂折扣店。与国内不同的是这里建筑全为一层，就用地而言简直是奢侈之极，集购物、餐饮、娱乐为一体，难怪有人称之为度假村似的购物"天堂"。不过我们在这里却没见什么人。

奥特莱斯是工厂的直营店，一开始是依附生产工厂而建的消化多余库存的单独的品牌零售处，发展到今天，各个品牌将它们的工厂门店集中在一起销售，成了我们现在所看到的形式。由于规模庞大，奥特莱斯一般设置在高速公路沿线的大城市郊区或小城市里，是高速公路文化与商业结合的成功模式。

Day 12 大西洋城寻访露西 行程 192 英里

7月27日

早上9点早餐洗衣，吃午餐，近1点告别友人从普林斯顿出发，在费城的东南面，放弃走高速公路，决定走一些比较小的乡间道路，尽量沿海岸线走，围着海湾沿大西洋岸前行，经大西洋城，过路费1.75美元，过桥费12美元。

大西洋城是新泽西州的一座城市，位于大西洋沿岸的阿布西康岛，以海滨大道和赌场著称。1978年，州政府为大力发展旅游业和吸引游客，决定在该小城设立赌场，成为美国一东一西两大赌城，西有拉斯韦加斯东有大西洋城。

为赶行程我们也无意欣赏赌场风采，也未漫步大西洋城著名的海滨木板大道。倒是欣赏了大西洋那迷人的海滩，大西洋蔚蓝色的海水蓝得近乎黑色，海风推起一排排雪白的浪花。海鸥在海面和沙滩上翻飞鸣叫。白色的沙滩细软而宽阔，游客在沙滩享受着日光浴。

有一个景点是我们不想错过的，特意沿着大西洋城以南的海滩社区驾驶，去马尔盖特市看那4层楼高的名为"大象露西"的建筑，建这个高约19.5m的木质厚皮动物的初衷是吸引土地的买家，它曾经是小旅馆、私人府邸、酒店，为维护这一奇特的建筑，每年要承受高额的维修费用，但人们始终没有放弃它，现在成为国家历史名胜古迹，并在夏季对游客开放。

下一站至开普梅，是新泽西州最南端的一个风景宜人的海滨度假胜地。沿途见到都是连绵不断高级的度假房及各种档次的酒店。在海滩社区宅第，多为2~3层独立的住宅，形态各异，也有些属TIME SHARE度假房，就是国外流行几家合伙买房用来分时或交换度假。许多游艇就排列在住宅门口的泊位上，一些海滩也标出私人与公共领域，私有制的个人权利得以充分体现。居住在这里的人们多是来度假的，街上随处可见各色人群，男士们穿着泳裤；女士们穿着比基尼在悠闲漫步。浪漫的气氛同样是吸引人们来此夏日海滩的缘由之一。

现在是海滨旅游旺季，入夜晚餐之时，海滨餐厅酒吧人头攒动，震耳欲聋的音乐声中呈现一片灯红酒绿的海滩之夜。想想，在美国的各种生活与税收支出很大，基本上是存不了什么钱的。但是美国的碧海蓝天，宽阔的生活空间，自由、单纯的人际关系，良好的生活品质，就不是金钱可以衡量的。

沿途的酒店住宿都很贵，今晚华宁又没拍到低价住处，此地出价我们认为40多美元一天的高价，都拍不到普通住宿，晚上只得赶往开普梅的宿营地宿营了。夜已深，营地11点关门了。看到我们失望的情绪，热情的营地门卫告知，如果我们愿意的话，他可将我们带到营地门口外的草地上，让我们免费宿营，这是合法的。并告诉我们可以使用营地内的厕所。这种具有人情味的体谅与关怀很让人欣慰。在这开阔的草坪上我们搭好帐篷，在星空下进入梦乡。

The Roy Gillian
WELCOME
CENTER
ATLANTIC CITY
OUTLETS
THE
WALK
ONE WAY
DIRECTORY
VALET
PARKING

大象露西是一座六层高的模仿大象外形建筑，1881年由 Janes V. Lafferty 用木材和铁板制成，为的是招揽游客以促进当地的地产销售。

Day 13　切萨皮克湾 17 英里跨海大桥　行程 346 英里

7月28日

开普梅是个有400年历史的小镇，不仅有着美丽的海滨景色，还是个迷人的夏日度假胜地，整个小镇因为大量的珍贵维多利亚式的建筑被联邦政府列为国家历史名镇。

昨天深夜赶到这个可以称为新州的天涯海角的地方，就是为一早赶乘跨海轮渡。早上9时从渡口乘跨海汽车渡船，一辆车包括司机收费47美元船票（加1人另收10美元），渡口设施十分豪华，修建有宽敞乘客候船室，提供休憩、餐饮、购物空间，并有架空封闭廊道与渡船相连接。户外景观设计错落有致，有供儿童玩耍的小型游乐设施。

车辆依序开入渡船一层甲板，并有专人指挥摆放位置，以保持船体平衡。以安全角度考虑，规定车辆一人驾驶进入一层船甲板，其余人员全从步行通道上到渡船二层船舱。渡船很大，设施十分完善，有休息厅，餐厅，还有纪念品商店，感觉是在一座豪华游轮上，驶入大海由蔚蓝色浅海至深海时海水呈一种深沉的墨绿色，海鸥随船飞翔，更令人欣喜的是海水中时有海豚打着水花从海中跃起，引起大家阵阵躁动。

汽车轮渡经过特拉华湾到刘易斯。我们还是沿紧靠海岸的一条公路行车，中午吃烤大排7美元，

下午1：30经柏林小镇领悟闲适的小镇。这是个幽静温和的小镇，小镇街道整洁，至今仍保留着移民时期的风格，红色砖墙、坡顶传递着历史的信息。镇上的小广场有几个农户在摆摊销售自产的瓜果蔬菜，我们停车在小镇，行走了一圈，街上几乎碰不到什么行人，在温暖阳光下，充分体现一种古朴宁静的美。

下午4：30时，我们从马里兰州特拉华半岛走切萨皮克湾大桥前往弗吉尼亚州的诺福克，这是我们计划中的事情。这座1964年通车、当时世界最长的桥梁隧道（二处隧道）综合体全长37公里，一度被称为"现代世界七大奇迹之一"。这座架在切萨皮克湾和大西洋之间的大桥，是一座双向越洋大桥，大部分离水面并不高的长桥连接海底隧道，独特设计既保证车辆通行稳定性又采用悬索高架桥段与海底隧道的形式保证大型海洋船舶航运的畅通，这方面充分体现人类智慧的结晶。这座桥梁的诞生是推动海峡两侧社区城镇增长的直接动力。

现在，以跨海桥面长度算，我国2011年通车的青岛海湾大桥，全长41.58公里。2008年通车的杭州湾大桥，全长36公里。已超过了美国切萨皮克海湾桥和巴林道堤桥等世界名桥，而成为目前世界上已建成或在建中的最长的跨海大桥，这是值得骄傲的，相信这些纪录将来还会被不断超越。

开车上桥发现通行车辆很少，我们也就信马由缰，一路行驶一路歌，此刻尽享这海阔天空的情怀。桥南面专门为观景设了一个栈道式的观光码头，我们为赶时间没有停留，这个跨海长廊虽然很长，但通行顺畅，约半个多小时我们就开完全程。

黄昏时间，映入眼帘是弗吉尼亚农场的田原风光，车窗外不时闪过大型的农机设施、仓舍。美国农村土地辽阔，农户的土地面积都不少，典型的农舍都是由主屋与库房组合坐落在树木环抱之中，决无中国自然村落的形态。从绘画角度看，农场天、地、物三者显出层次清晰、色彩明快之貌。这里道路边的田野上常排列着一个个出售农产品的广告，形成一道独特的风景线。

车上吃牛奶点心，夜10点乘免费汽车渡船至奥克拉科克可岛，11点多找到奥克拉科克汽车营地自选12号位。

在营地里的蚊子可把人抬起来。住宿在这里人们帐篷大得像座房子，特别是房车更舒适。我们帐篷相比太小，住在里面有些潮热。但营地内有电源，有水洗澡，有厕所而且安全，这些我们已很满足了，一晚伴涛声而眠。

柏林小镇

BERLIN SHOE BOX
BERLIN, MD
NO
PARKING
ANY
TIME
TOY TOWN

NECTARINES
SWEET CORN
STRAWBERRIES
TOMATOE

弗吉尼亚州是农业大省。这里沿途可见超大规模的灌溉机和主题农庄，农户们远远就在高速公路的沿线竖立起产品广告，招揽往来过客。

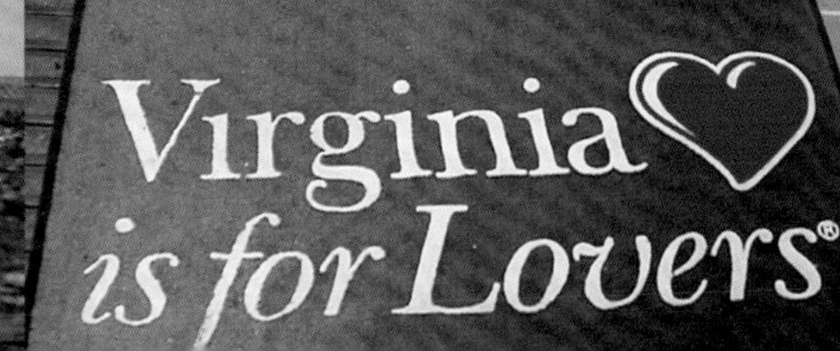

Chesapeake Bay Bridge-Tunnel

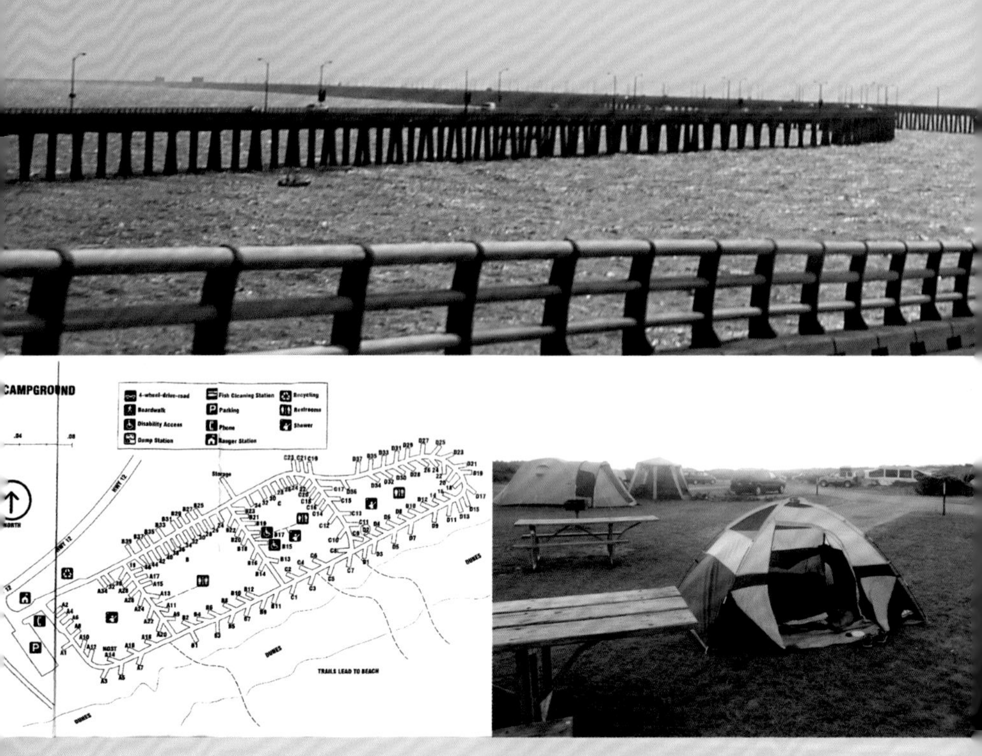

外堤（Out Banks），是连接北卡罗来纳州和弗吉尼亚州的一条海上羊肠小道。

驶过美国甚至世界最长的跨海大桥及隧道组合——Chesapeake Bay Bridge Tunnel，是由 1 座栈桥，2 条海底隧道，4 座人工岛和 2 座跨海大桥组成，全程近 30 公里，1964 年建成通车时被誉为"七大现代工程奇迹"之一。过桥过路费应该是 13 美元。但好像是往东单向一次性收费，我们是往西开并不会回程，所以没有交费。

Day 14　暴力大自然　行程 323 英里

7月29日

昨夜已了解去下一站的渡船情况，航班不是很多，所以早上5：00时就起来准备去码头赶7：00时第1班渡船。住宿营地费27元，因营地管理员8点上班走时没法交。我们只得先去码头，待8点钟后通过电话与营地办公室联系并说明情况及缘由，想另外将营地住宿费通过汇款方式补交。营地管理员很高兴我们能主动联系、说明情况，并理解我们的行为，告诉我们可免交此次费用，真是善解人意。于是我们顺利搭乘头班跨海汽车渡船，船票12美元/人，行程2个多小时抵达对岸。

北卡罗来纳州海岸外有一连串沙洲和岛屿从弗吉尼亚州经过本州伸向南卡罗来纳州，称为“外滩”。我们选择北卡外海岸，这条狭长岛屿串起一条非常奇特贯穿南北的公路，面向大西洋一面的是白色海滩，一路都是国家公园或野生动物保护区，偶有小镇和度假地。

但最让我们惊讶的是驾车在狭窄的车道两边都可以看到海洋的绝美景色，从地图上看后面基维斯特路更绝，能够驶在那长长自然保护区中远离喧嚣，没有一点人为雕琢才是真正享受到回归自然的情怀，这是不是就是中国道家理论中说的“无就是有”的奥妙所在。

进入开阔湿地，景观更为壮观，特别是延伸入浅海的一片片滩涂，映衬在碧绿的海波下，忽隐忽现闪烁着神秘光泽，沿途湿地在水岸旁塑造一个个奇特造型，让人目不暇接。

北卡罗来纳州的西部山区属大陆性气候，东南地区属亚热带气候。7月正是多雨的季节，海洋性气候天气变化无常。我们途中常遇暴雨雷鸣，车子瞬间笼罩在一片水雾中，驾车时两眼一抹白，这时驾驶要打开所有灯，不快不慢保持跟上前车的速度前行，因为大雨中你看不见道路，只能跟着前车尾灯行驶，慢了会看不到灯光失去行进目标。停下也不行，看不到路况，有阻断道路或被后车冲撞的危险。另外，雷鸣闪电时一定及时关闭手机等通信设备，有一次我们刚关掉手机不到10分钟，车外一道闪电劈在路旁电线杆上，火花一亮将电杆上的电器及电杆上半部分烧的焦黑，想起来还有后怕。

中午在中国餐馆吃中国菜，7美元/人（含小费）大虾花菜饭，今天开车行进很长里程，晚6点至查理斯顿，35美元标得酒店有泳池。

锡达岛至奥克拉克的渡船是收费渡船，单程航行时间约为 2 小时 15 分

Day 15　走马观花查尔斯顿和萨凡纳　行程 441 英里

7 月 30 日

上午吃完酒店早餐后 10 点出发，经南卡罗来纳州查理斯顿在老城区开车转了 1 圈，后来又泊车把喜欢的建筑拍了不少照片。查尔斯顿是美国南方最古老、最漂亮的城市，是南卡罗来纳州的首府，是美国及世界各地富豪的聚居地，也是风光旖旎的度假胜地。城区建筑拥有美国各个时期的建筑风格，建筑风格的跨度从早期殖民时期直到乔治王朝时代，希腊和哥特式复兴时代，再到意大利式风格和维多利亚时代风格，不愧称之为美国民俗建筑博物馆。仔细看来，最有特色的是查尔斯顿人的住宅风格，华丽的走廊上下环绕，这里几乎可称之为美国乡土住宅的露天博物馆（本节主要欣赏美国住宅类别特征）。在美国独立战争中，这座小镇点燃了美国人民的爱国热情，打响了南北战争的第 1 枪。查尔斯顿的历史古迹和美丽庄园与经典名著《飘》中的场景息息相关。

下一站是佐治亚州的萨凡纳，这里高速公路限速通常 80 英里 / 小时，换算为 130 公里 / 小时，速度比国内快许多，好处自然是让我们 1 天可走更多的路。

萨凡纳是一个网格式的小镇，老城格局整齐方正，绿树沿棋盘似街道种植，随处可见壮观的大橡树，上面垂吊着成串的灰绿色寄生藤，这给我们以深刻的印象。这里分成 24 个街区绿地广场，广场中间一般都有纪念性的城市雕塑、纪念碑或者喷泉。这种以公园广场为中心分布排列低密度住宅的城市格局，得益于两百五十多年前詹姆士·奥格尔索普将军（General James Oglethorpe）前瞻的城市规划观念。为了方便游览小城，我们干脆随市内旅游车线路开了一圈，这样就不会遗漏主要景点。沿途满街郁郁葱葱的大树，几百年间的房屋随处可见，一般两三层楼高，修葺得整整齐齐。拍不少照片并领略静谧优雅的城市气质。萨凡纳还有一个别称“鬼城”，传说城中有许多鬼，是一个以灵异事件著称的小城，至今仍存在着许多科学难以解释的谜团。设想这与该城林木茂盛、建筑古老、街巷繁密、人口稀少，再加上历史上独立战争、南北战争、瘟疫、热带风暴、火灾等灾难留下的阴影有关吧，我们是大白天至此，没有感受到那种阴森。

从萨凡纳向南便是佛罗里达州的领地了，杰克逊维尔（Jacksonville）从地理意义上说是美国最大的城市，拥有长达 28 英里的海滩，称其为海滩之城。每年秋季都会有一大批鲸鱼来到这片温暖的海域避寒，而那时这片海滩也正是人们嬉戏的热闹天堂，我们经杰克逊维尔至托纳比奇。

晚 8 点到托纳比奇 Daytona Beach，住希尔顿酒店（四星级）拍得 50 美元，加税 64 美元。美国创立已有近百年的希尔顿酒店，现有 100 多家的规模，已是遍布世界各大都市，全球最大规模的酒店之一。在中国当然也被我们熟识，豪华酒店的档次，国际化的连锁，统一标准，体贴入微的服务，代表了一种美国的商业文化。

酒店的服务从到达那一刻开始，服务生迎接搬运行李，通常代客人泊车，协助办理好入住手续后护送至房间，通过每个员工的“微笑服务”打造“宾至如归”的文化氛围。豪华的客房（大床大房）、宽大的走廊、阔绰的公共空间是典型的美国风格。完备的设施包括底层室内延伸至户外的五、六个泳池，包括：温水泳池、按摩冲浪泳池、戏水池、浅水池、深水池。酒店后面设有沙滩球场，突显海滨酒店的特色。体贴入微的服务，例如：我们停车的账单，是轻轻从门缝下塞入房间，为了不打扰客人。另外，桌上有 1 个放小费的信封，多少随意，非常有人情味。入住这里的确让疲惫的我们得以身心享受。

晚餐在海边餐厅吃猪排、鸡、牛肉共 17 美元（连小费）。在纪念品店买了些小纪念品。我们住的房间面海，夜 12 点多想下去游下泳，室内泳池刚关闭，只能在海滩戏下水，天太黑不敢游太远。外面是摩天轮游乐场，明早可拍到很好的海景。在超市买水果、蔬菜、防蚊剂。

查尔斯顿地图

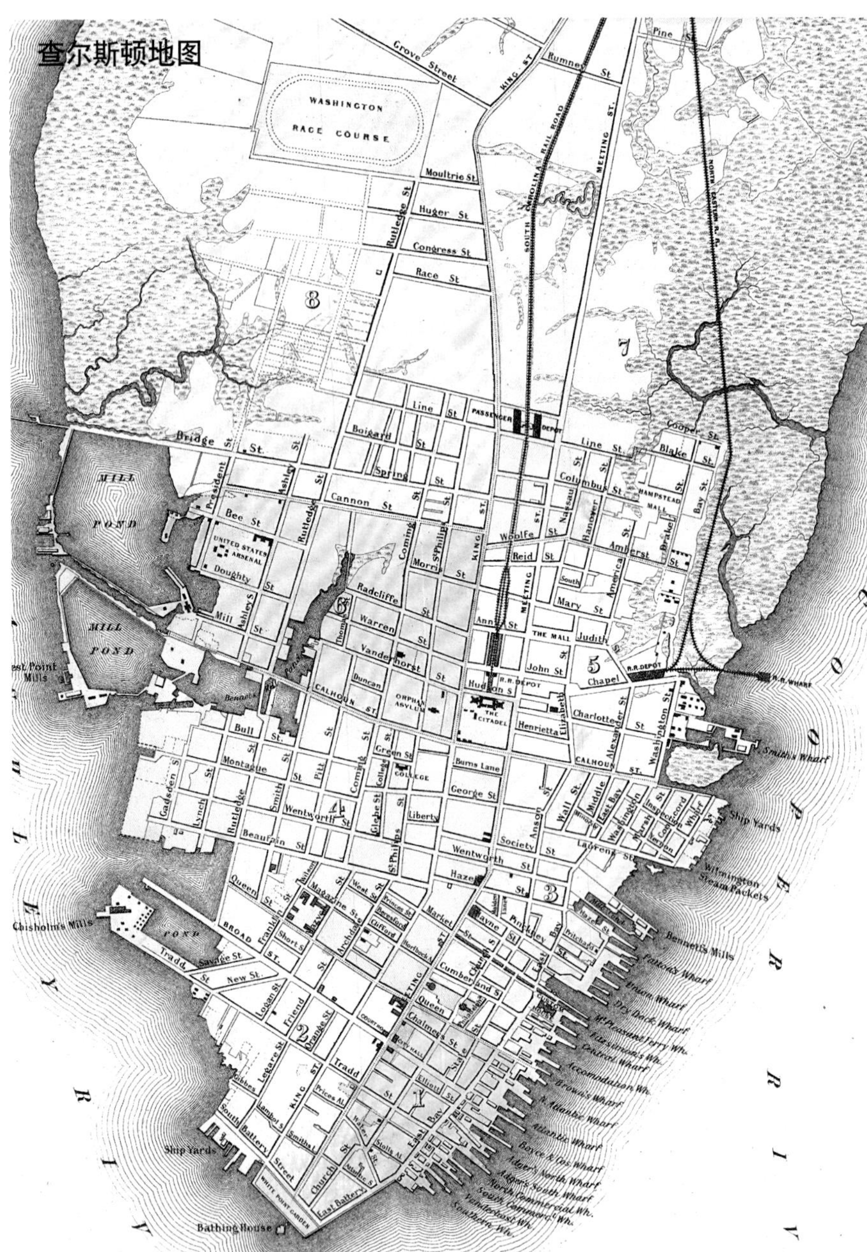

Colton, G. W., Colton's Atlas of the World Illustrating Physical and Political Geography, Vol 1, New York, 1855 (First Edition).

THE CITY OF
CHARLESTON
SOUTH CAROLINA.

The Plans of Charleston & Savannah are upon the same Scale

PUBLISHED BY J.H. COLTON & Co No172 WILLIAM ST NEW YORK

157 BROAD STREET,
LUTJEN'S (BURBAGE'S) GROCERY

查尔斯顿独立屋和种植园

社会结构影响的建筑形态

查尔斯顿古老而优美。这里有最早的海关、最早的博物馆、有南北战争的硝烟、有种植园的印记。城市的记忆与湿润的气候共同塑造了查尔斯顿，使其成为美国民居建筑形态的生活博物馆。

气候影响的建筑形态

查尔斯顿独立物，是查尔斯顿海滨地区独特的房尾形式，只有一进宽度，为的是能让海风贯通所有的房间，以去除室内的湿热。

Tennent, Josiah Smith 宅

Branford-Horry House

查尔斯顿建筑时代风格

I. 殖民 1690-1740 年
II. 佐治亚 1700-1790 年
III. 联邦 1790-1820 年
IV. 古典复兴 1820-1875 年
V. 哥特复兴 1830-1900 年
VI. 意大利式 1850-1885 年
VII. 维多利亚 1860-1915 年
VIII. 装饰主义 1920-1940 年
独立屋

Historic Charleston City Market 中心市场

St. Matthews Lutheran 教

Emanuel A.M.E 教堂

学院派建筑 (beaux arts style)

James S. Gibbes Memorial 艺术馆

Alex Raskin 古董店

城中最佳的意大利式建筑

The Owens Thomas 屋

英国摄政式风格（1819 完工）

Mercer-Williams 房子

意大利式大宅萨瓦纳最美的铁艺栏杆

阿姆斯特朗宅

外部装扮是意大利文艺复兴风格，内部是学院派风格，这也是 20 世纪初的流行作法

圣约翰浸会教堂

维多利亚哥特式教堂（18 世纪 70 年代建，1898 年重建）

佐治亚州内最早的罗马天主教堂

Summer Teal Simpson

THE MANSION ON FORSYTH PARK

大宅维多利亚罗马复兴风格

Sorrel Weed House

受到摄政王风格影响的希腊复兴风格房屋

圣奥古斯丁 (St. Augustine)

佛州最早由西班牙殖民者胡安庞塞德莱昂 (Don Juan Ponce de Leon) 发现，命名为 La Florida - "Land of Flowers" "花之地"。圣奥古斯丁就是他殖民北美大陆的第 1 站。

庞塞德莱昂 (Ponce de Leon) 大酒店是美国首个重要的现浇混凝土建筑，也是首个通电的建筑。

1882 年，亨利佛莱杰，美标石油公司的传奇创始人决定将圣奥古斯汀开发为冬季疗养地，以 (Spanish Renaissance revival) 西班牙文艺复兴风格设计的宠塞德莱昂大酒店作为开发的核心，取得了建筑上的巨大的成功，并以此风格影响南佛罗里达州达 50 年之久。然而，圣奥古斯汀并不如南部的佛州城市一样温暖和四季阳光，且在 1895 年经历了黄热病和史上最严寒的冬天，所以圣奥古斯汀从来未能真正成功作为一个冬季疗养地，仅以别致的城市文化特征，挺过了大萧条时期，并以此吸引游客。最终在 1967 年因经营状况不景气关闭酒店并卖给佛莱杰大学，经重修保持了最初的建筑风格。

庞塞德莱昂大酒店

（注：国会图书馆藏铜版画）

阿尔卡萨酒店 (Hotel Alcazar)

西班牙文艺复兴风格，是亨利佛莱杰在此兴建的第 2 座奢侈酒店。模仿西班牙塞维利亚的皇宫。现今是圣奥古斯汀的市政大厅和莱特纳博物馆。

卡萨莫尼卡酒店
摩尔复兴和西班牙巴洛克复兴风格

Zorayda 城堡
摩尔复兴风格

Hilton

希尔顿酒店

标酒店的方法与贴士

★小贴士：美国作为一个称之为车轮子的国家，道路状况通常良好，很多双向道路中间有很宽且松软的草皮隔离带，既安全又美观，这在中国人多地少的国情下是不能想象的奢侈。由于地广人稀、车辆密度低，车速限定 90 英里，有的州货车与小车分别限速，这与中国类似；有的州货车与小车同一限速，这时开车就要十分小心不要与之争道违规。有两种道路现象尤要注意：1. 注意路旁关于本区域经常出没野生动物的标识，注意观察避免野生动物的冲撞。2. 公路上经常有大货车遗弃的爆胎残留物，在公路上注意避让，这是很普遍的现象，切不可轻心，以免引起事故。

★小贴士：自驾旅行中关于住宿优惠的方式：一种是在公路旁的休息站，自取该州一些酒店明码实价打折的广告册，凭册子到选定酒店就可享受相应优惠。另一种能更便宜，方式是通过网上竞价取得酒店住宿低价，有 2 个网站：www.priceline.com 和 www.hotwwire.com，前者是自己选定酒店区域和星级然后出价竞拍，规定三次出价机会，往往可拍到超低价格；后者是选定区域和星级后对方出价得到优惠。

Day 16 连接天上人间的肯尼迪航空中心 行程 80 英里

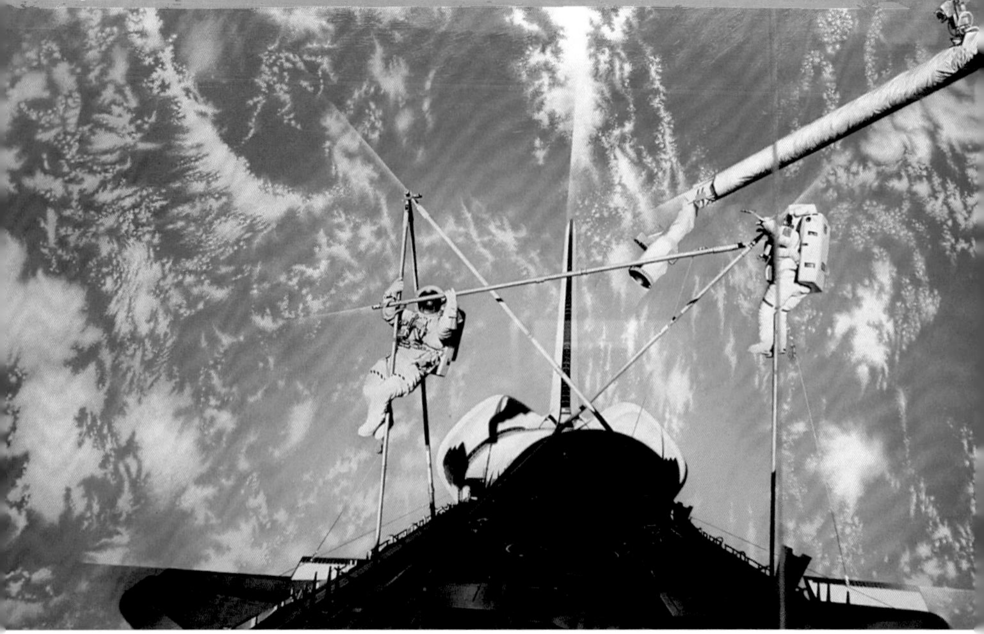

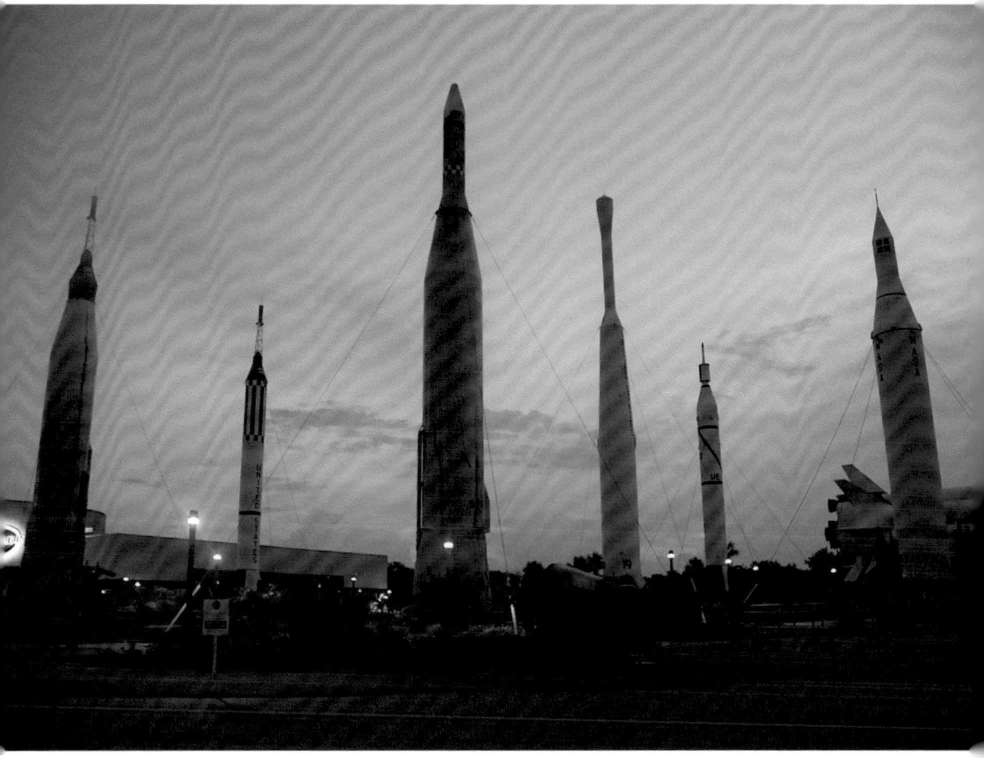

7月31日

7月的最后一天，晨7：30时才醒，阳光高照，窗外海滩波光闪烁，因昨夜游泳未如愿，今天8点我们就去泳池游泳、又去海滩戏水。迎着层层的波浪涌动十分惬意。一直玩到9点才回酒店507房，华宁做沙拉，用生菜、番茄、桑圣、拌调料，算是早餐，坐在室内，窗外一片波光所带来不可思议的舒适感也由此让人精神及身体得到放松，唯一不高兴的是摄像机摄到一半时不工作了，肯定是由于海滩潮气影响内部主板不能用了。可惜的是摄像机坏掉，影响到后面的旅途再无法记录影像。10点钟退房，沿着代托纳海岸景观公路开车前行、随时停车都可看海景，途中有许多精美的小别墅可拍照，这边沙滩最大的不同是沙层密度大，允许游客将车直接开至海滩上去，看到当地人就把车停在沙滩上，带上几把躺椅即可享乐。开放的公共海滩无任何收费。

中午在一家中餐馆吃饭，共计10美元（含税、小费），海鲜大盘、大虾、蟹脚、瑶柱，一份饭两个人吃挺好。

下午开车往卡拉维尔角，远远就看到有50层楼高的航天中心装配大楼，我们沿着公路穿越通往梅里特岛的吊桥到达美国肯尼迪航空中心。这里是美国国家航天局进行载人与不载人航天器测试，准备和实施发射的重要场所。相比美国休斯敦航天中心从"哥伦比亚"号开始的每架航天飞机都是从这里飞向太空。

我们到达参观中心已是下午近6点，已没法参观39号发射场及重塑土星5号火箭及其他展品的大博物馆。购半票26美元/人（全票64美元/人，全天参观包括上午中心有车去航天发射现场）。抓紧时间观看IMAX电影院的美国月球登月纪录片，饱览宇宙苍穹的神秘奇妙与浩瀚无垠。又去参与动感影院里的宇宙穿越WD—四维互动节目，享受惊心动魄的航天飞机升空体验。随后我们参观太空舱、航天飞机、太空站等不少专题展览，真是宇航科普大课堂。入夜漫步于陈列众多航天器间的航空花园，仰望星空，这里就是连接宇宙的地方。

参观中印象尤为深刻的当属一块"太空纪念镜"，这是一块刻有殉职宇航员名字的巨大的黑色花岗岩镜。这些名字不停地被从背面照明。寓意着永生，这是多好的创意。中心晚上8点关门，我们玩到最后一刻才出来，这才看到门中超大的停车场，可见参观接待量是很大的。如果时间充裕的话，在航天中心游客有机会与美国宇航员接触交流，甚至能与其共进午餐和合影。

晚上拍住地40美元（30美元+税+小费），在酒店有售优惠航天中心参观券39美元/人。早知道就先住店再购票了，可省费用。半夜12点多休息，清理一下随身物品，一些小物件丢在希尔顿酒店客房里，估计裹进被子里忘拿，还有游泳衣夹在浴巾里也忘拿，人一高兴就太放松。

在奥兰多除了有肯尼迪航天中心外，还拥有全世界最大的迪斯尼世界、美国境内最大的海洋公园，这些不是我们此行的重点就只能舍弃了。

S.H. Kress Company 美国最早的“十元店”

代托纳海滩以宽阔平缓水清沙白而著名，由于此地细沙透水性强，海水退去沙滩马上变为硬沙地，也是美国唯一允许在限制区内车辆可以直接开入海滩的地方。每年还有许多汽车、摩托车运动赛事在此举行。

World's Most Famous Beach

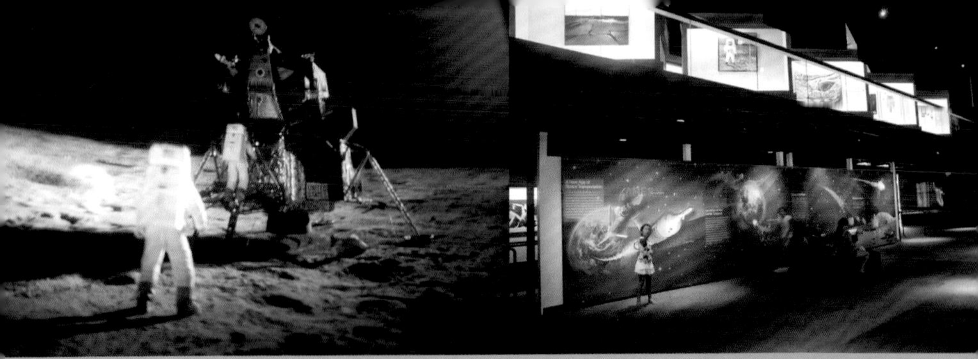

IMAX 影院美国“月球漫步”纪录片　游客中心展示区

肯尼迪航空中心入口

航天探测器与指挥中心

雷达

太空纪念镜

宇航员

航天飞机模型

航天火箭 / 太空舱

8月1日

休息至上午10点准备离店，沿海岛的海岸海景公路开车，这种体验真是令人兴奋不已。中途停车拍了些海景与沙滩，为更强烈表现出碧海蓝天以及其色彩饱和度，在相机镜上加用了渐变灰滤镜，效果提高许多。

下午4点多到西棕榈滩，美国佛罗里达州东南部疗养城市。这个地方是纯粹的度假村和富人区，环境、海水的质量都要胜过其他地方。棕榈滩是美国富翁密集的天堂，很多的豪门望族和富豪都在此拥有别墅，富人的房子都在海边或岛上，看到岛上的房子基本上家家户户门口都停着游艇，就跟普通人家有车与车库似的。

继续西行1个小时至迈阿密，在比斯坎湾。迈阿密建城历史并不长，但城市发展却很快。高层建筑主要建在市中心，外围主要是1~2层的民宅。这里靠近拉丁美洲，处处洋溢着地中海文化的风情，建筑多为西班牙和意大利风格。迈阿密漂亮的海滩，更是每年吸引数以万计的游客前往。

地域关系标房出价30美元比通常基价出的高倒却失败，未能拍到理想价位房，最终退让出价调升订了迈阿密机场附近39美元客房（未含税）。晚上去一家中国自助餐12美元/人，有不少蟹脚，螃蟹及许多种海鲜，结账时2人加税加小费31美元，是这几天来的1次大餐，开1个多小时车到酒店，条件是此次出行的最差的一次，只好凑合一夜了。加税43美元并不便宜，过路收费1.8 + 1 = 2.8美元，沿途的海水呈碧蓝色的，此处称“宝石海滩”名副其实。

阳光花园 (solare garden)

特纳·古尔福特骑士感化中心 (Turner Guilford Knight Correctional Center)

Day 18 美国的天涯海角——基维斯特 行程 209 英里

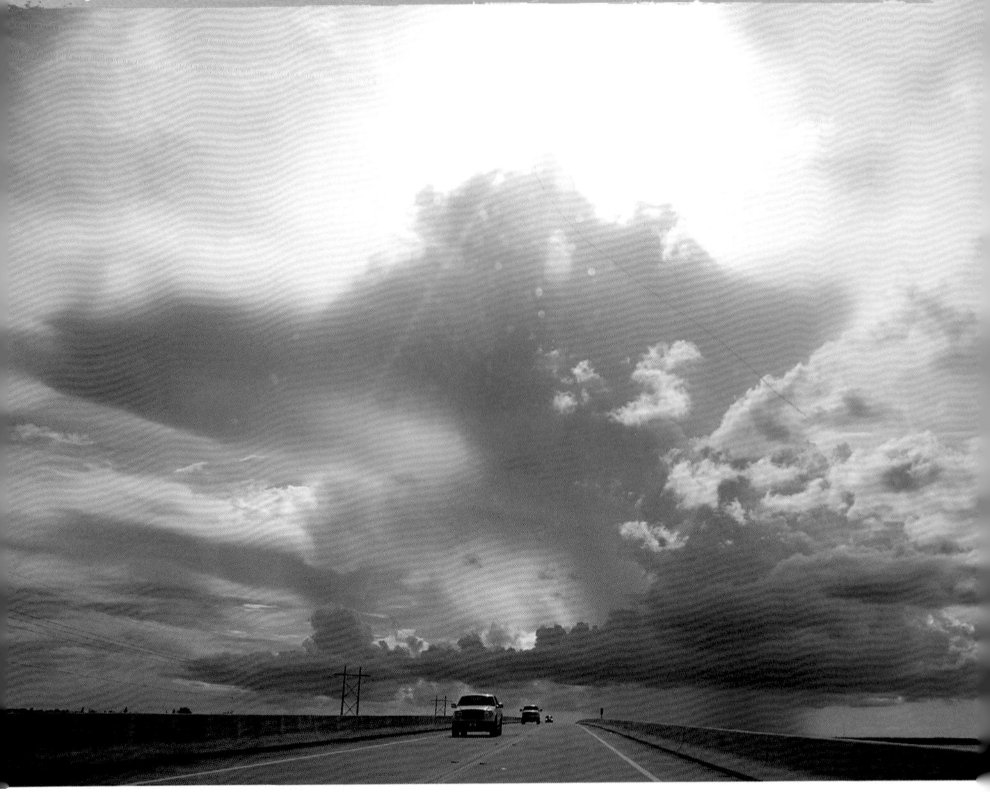

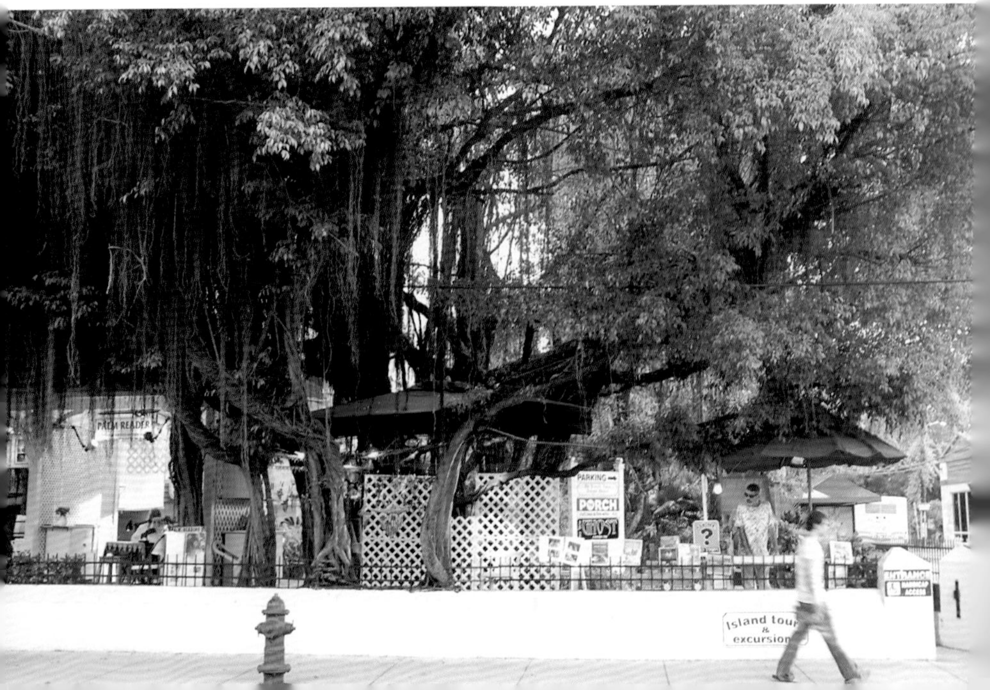

8月2日

上午九点早餐，只有土司和茶。说起来美国人对吃不讲究的难以想象，简单之极是无法预料的。10 点开车往顶端岛头进发，下午 3 点多钟订到营地，47 美元（有水电）42 号位，此营地很难订到，网上早已订的差不多了，选好营地去海滩游泳 1 个小时。

驱车美国 1 号公路，跨海长 250 千米基韦斯特跨海公路，为世界上最长的跨海公路，一座座小岛如同珍珠般被 3500m 长桥串接起来。我们一直赶去到基韦斯特岛头，位于杜瓦尔大街最南端处看日落。基韦斯特与古巴哈瓦那隔海相望，当地融入古巴风情，这里的人文景观当属海明威故居，这里曾是这位伟大作家心灵的归属。法国著名作家雨果说过的一句话："世界上最宽阔的东西是海洋，比海洋更宽阔的是天空，比天空更宽阔的是人的胸怀"。如果这句话讲的是海明威"老人与海"中描述的那位老者，那海明威的确有那宽阔的胸怀。

在这个充满西班牙与墨西哥风情的小镇，到处流淌着从各类酒吧、咖啡馆里飘荡出的南欧或拉美的情歌。晚 7 点我们走到大西洋唯一的最佳看日落处玛洛莉广场，此地驳岸上饭店、酒吧林立，建筑造型多姿多彩，色彩斑斓但又显得统一而多样。有不少艺人在摆摊、表演、杂耍，有一白色女神雕塑，通体雪白，时不时变换一下姿态，此乃是行为艺术的表现。最终落日的金色余晖吸引了所有人，细细欣赏美轮美奂的晚霞斜暮，大家静静地注视着余晖一点点抹去最后的金黄。

归宿地途中去超市买几个大蟹脚，晚上在营地煮着吃，搭完帐篷安置好后，我去营地淋浴间洗澡。突降暴雨下来，外边华宁 1 人抢着装散落在营地的东西，帐篷内也被雨水打湿，睡垫也淋水。待我洗浴完出来已是雨过天晴，看到门口华宁拿伞接我还甚感奇怪。由于雨后地面热气蒸发，一晚睡觉闷热潮湿难耐，而且营地蚊虫叮咬的十分厉害，令人实睡不着，所带美国产的避蚊液，据说防蚊性最强，还有中国带去的蚊香都用上也不管用，干脆夜 4 点起来，驾车去海滩浴场游泳倒十分凉爽，这个时间的海滩空无一人，海阔天高，椰林摇曳，微风拍浪，我们在海水中浸泡感到温暖，在海滩上感到凉爽，在浴场木亭中用清水冲洗后睡在餐桌上，这竟是我们最享受的一夜。

珊瑚城堡（Coral Caslle）建于1920年，这是座全部用珊瑚巨石建成的一座令当代人感到惊讶的建筑，更令人不解的是建设过程中的采石、加工、运输和建造全是由一个体形矮小的人完成的，如何能做到，不能不说是建筑上的一大奇迹。

伊斯拉莫拉达，运动钓鱼的世界之都

基维斯特艺术历史博物馆（海关）

建于 1891 年，在基维斯特因打捞业成为美国最富有城市的年代被用作邮局，法院和政府中心，后随着经济的衰败而废弃，直到后来基维斯特艺术历史学会以 9 年时间及 900 万资金的复建才使其恢复昔日辉煌。

《白日梦》
用立体的铸铜雕塑表现
亨利 · 马蒂斯名作《舞蹈》

J. Seward Johnson, Jr. 系列雕塑

《盗版》

克劳德莫奈的肖像，莫奈侵犯的到底是 J. Seward Johnson, Jr. 的版权还是马蒂斯的？这是一个有趣的关于艺术原创性的问题，看得人会心一笑。

圣保罗主
END OF THE RAINBOW
AND END OF THE ROUTE
KEY WEST
FLORIDA
U.S. 1
Unlimited
Opportunities
TROPICAL VACATIONLAND
MANGIA MANGIA

一层：公牛酒吧
二层：哨子酒吧——最老并且最后的露台酒吧。
三层：伊甸园——Duval 街上唯一的穿衣可选屋顶酒吧。

打捞者博物馆（Wrecker's Museum），这是基维斯特最老的房子，建于 1829 年，属新英格兰巴哈马风格。

在 19 世纪，手卷雪茄曾是基维斯特的支柱产业。

Kiln Kreations

FURY

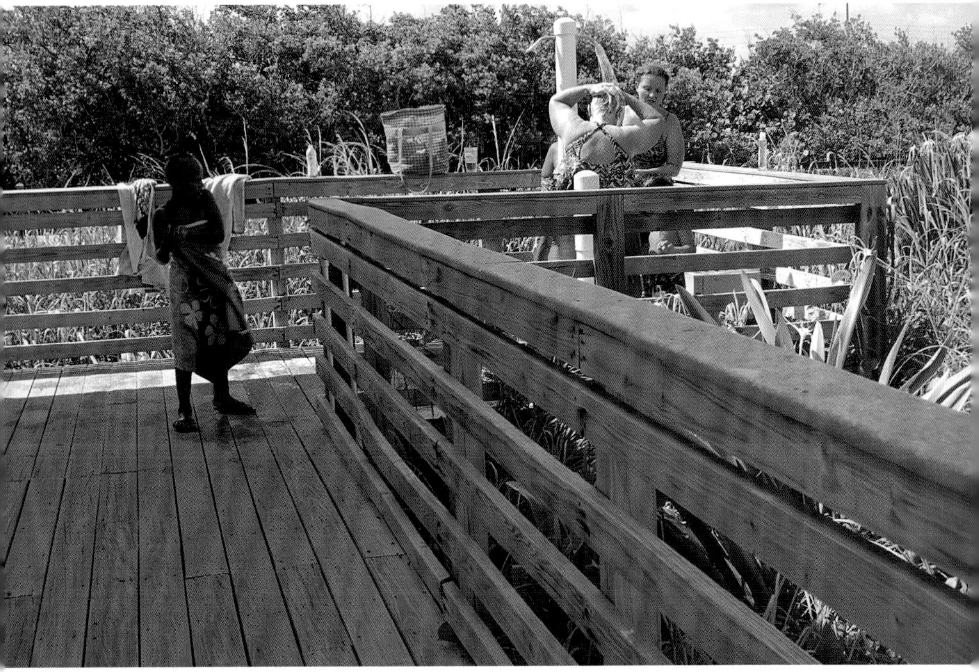

8月3日

凌晨下海泡一下，在更衣室淡水淋浴后躺在桌木台子上睡到天亮，这时才见有人来到海滩漫步，我们 8 时又下海游至 9 时才依依不舍离开。看到沙滩上有许多海鸟寻食，我们忍不住走近去拍摄这难得的镜头，园区管理员赶来告诫千万不要去惊扰了海鸟。

我们回营地煮面，清理行装返迈阿密方向，途中在沃尔玛超市给车做 5000 公里常规保养，换机油 40 美元（还有 30、60 美元不同价位可选）。在超市 5 美元买一整只炸鸡，够我们吃几天的了，另外还选择一些蔬菜水果，我们大概还保持在中国的饮食习惯，以蔬菜水果为主佐以少量肉类。

今天开车从营地穿过大沼泽公园去到那不勒斯。大沼泽地国家公园，位于佛罗里达州尖角位置，公园地处宽广无垠的平原，纵横的淡水河流造就了这片神秘的沼泽地，生长有蔽日松林和密布河岸的红树林，这里是美国本土上最大的亚热带野生动物庇护所，公园的建立使大沼泽成了飞禽走兽和奇花异草的家园，以它多姿多彩的动植物系统在地球上独树一帜，她展现出生机勃勃的画卷，将让人们更亲切地感受到大自然的脉动。

沿着横贯湿地保护区的公路前行，在公路的两边平行的一般都会有 8m~15m 宽的河道。上面可以跑“风扇船”，英文叫‘Airboat’，实际上就是一个平底船后面绑着一个大风扇吹着往前跑，加上司机一共可乘坐 5 人。也只有这种又称之为“草上飞”的特殊工具才能在这特殊地域风驶般自由穿行。

现在是雨季，河水覆盖整个低地，最佳的观光时间是旱季，11 月 ~4 月是高峰期，那时无论是步行、乘坐独木舟、坐船还是乘坐缆车，都可以很好地观察野生动物，其中包括美洲鳄和许多温顺而好客的鸟类。据悉，现代社会发展使大沼泽地国家公园的生态系统在近百年来受到了巨大的威胁，补救和恢复大沼泽地脆弱的生态平衡已经成为南佛罗里达所面临的重要社会问题。

晚上标得 35 美元房价，住到极好酒店。晚 9：30 时到住地，抓紧洗好前几天存下的脏衣服。

BAHIA HONDA
STATE PARK

Bahia Honda 州立公园中可登上一段残存的铁路桥鸟瞰全岛，这段路桥曾是亨利佛莱杰东岸铁路的一部分，后被台风摧毁，唯基桩基被部分利用建成 1 号公路的跨海部分。

从迈阿密到那不勒斯有两条主要线路：一条是走I 75 的鳄鱼巷，虽然快捷却平淡乏味，另一条是 US41 的塔密亚米路，因此邻大沼泽地国家公园的北缘。

大柏树国家保护区，米柯苏奇部落保留区，虽然现在是淡季，仍可不时看见气垫船导览的招牌及独特的湿地景色。

大沼泽地国家公园

Day 20 那不勒斯小铁皮城 行程 212 英里

8月4日

11 时出发到那不勒斯的铁皮城，那不勒斯是意大利 1 个城市的名字，原以为美国有些城市是以欧洲一些城市命名，多少应该源之于早期殖民之故，更多的是与这里应该居住许多德裔美国人有关。其实并非如此，而是因周边景色类似于意大利那不勒斯而得名。果然，随处可见城镇的各个水滨遍布着购物和餐饮中心。威尼斯式的小港，木杆栏的码头上有许多酒吧、餐厅，小船可泊靠上岸。那不勒斯以其餐厅，精美小店，文化景点以及海岸线而被旅游频道评为美国最佳海滩。

小铁皮城是一座集中到同一空间内，后面就可泊船的旅游品及餐饮的小商城。为什么叫小铁皮城这个名字，看到商城包裹的铁皮外墙，陈列着一人多高的老式灭火器，感觉这非常吻合这一命名，这里一定是早期由一些零散的铁皮屋，逐渐扩建组合才有这样一座多姿的小铁皮城。其实，后来了解到就在我们开车经过的一些街区的另一面就异常有特色。是啊，时间的关系肯定会遗漏许多地方。

途中，经过大沼泽湿地到这小城沿途可见到小镇、街区、度假地等多样性景观，途中多次遇暴雨，气候变化无常。正是由于雨季相对人少，淡季有更多的酒店推低价房，晚上标 28 美元，住一种美国人经常住的假日套房，内有所有厨房用具，适合家庭度假 1 周以上，晚煮鸡面，鸡肉卷和生菜。今天 1 天没在外面吃，赶早 8 点多到住地，人舒服很多，由于前日潮热我手臂染湿疹，抹些牙膏或许可早点好。

由波纹钢和木构建成的铁皮城，承载着那不勒斯渔业发展的记忆，这里曾经是一个蛤和牡蛎的处理厂。

那不勒斯得名于其美丽的白沙和温润优渥的气候，早期开发者认为其可与亚平宁半岛媲美，于是对外宣传这里比意大利那不勒斯还美丽。

Shells of the Paradise Coast
WELCOME TO
CITY OF NAPLES
ON THE GULF

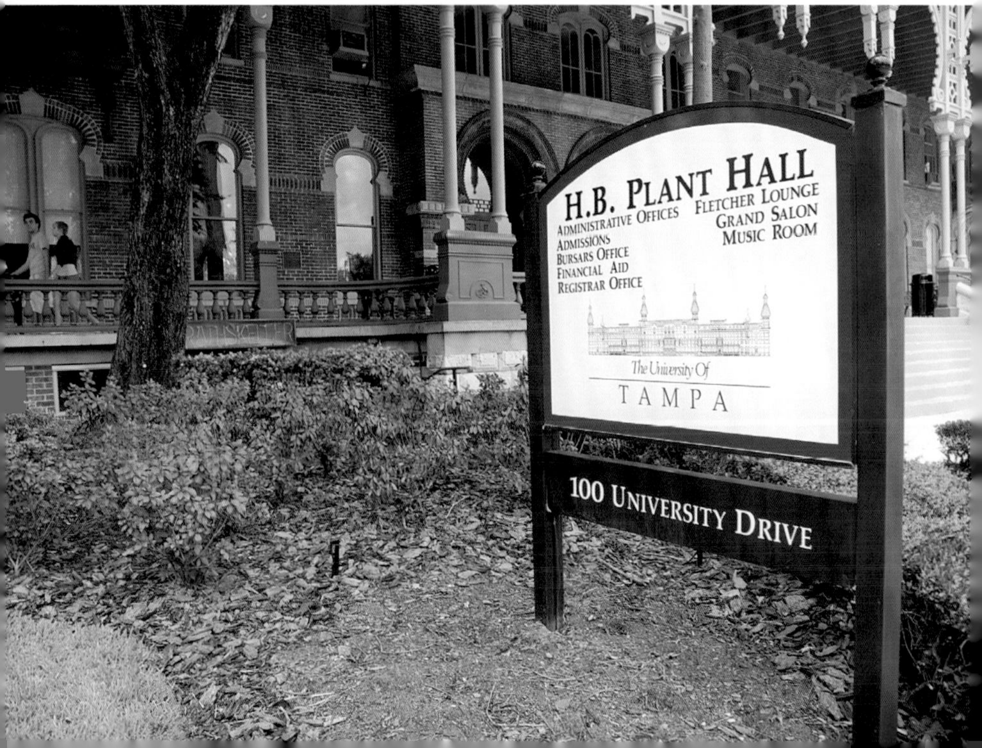
H.B. PLANT HALL
ADMINISTRATIVE OFFICES
ADMISSIONS
BURSARS OFFICE
FINANCIAL AID
REGISTRAR OFFICE
FLETCHER LOUNGE
GRAND SALON
MUSIC ROOM
The University Of
TAMPA
100 UNIVERSITY DRIVE

8月5日

坦帕是佛罗里达西海岸最大的城市，由于我们住地位置在坦帕市郊，今天准备返程1小时车程去看圣彼得堡的达利展览馆，这是世界上达利艺术品收藏最多而且最全的博物馆，不能错过。11点早餐后退房，早餐十分丰盛，可选品种很多，每样都尝了一下。返回方向途中先到一座西班牙风情小镇博西地（译音），是美国著名雪茄之都，多数人口为西班牙人、意大利人，的确是座保存完整的小街镇，我们分别在2家店买了2只雪茄（分别为12美元、15美元），整条街半数以上都卖雪茄并为之自豪，从事雪茄的生产地，早先在基韦斯特，后因一场大火迁此地一直延续至今。

午餐吃墨西哥餐8美元（加小费价）。下午到坦帕市区看到码头停泊着的豪华巨型海上游轮，我激动的赶去拍照，引起警察的误解，以为我是从船上下来的，要我出示船票与护照，因语言沟通困难讲不清楚，最后警察也就算了，走人了事。

本想去市中心参观坦帕的现代艺术馆，逢休息日不开放，只能观赏艺术馆建筑外观，造型现代风格，体块简洁，色彩明快。市中心现代高层建筑，形态各异，错落有致，组合成为城市摩天大楼中心景观。河流对岸是坦帕大学，是有着宫殿城堡一样的校区建筑，该建筑始于1891年原为豪华的坦帕湾大酒店，有近1140个房间，由当时的铁路和运输巨头HenryB plant建造，他旨在打造世界上最豪华的酒店，是该城最重要的地标。该建筑现移交大学所有，内部有部分保留做了市镇历史博物馆，建筑内部的豪华装修维持了当初的原貌，有韦奇伍德装饰陶瓷、维多利亚的镜子以及18世纪的法国装饰等。在城堡内外我们仔细浏览了一圈，驱车又去佛罗里达水族馆，拍了不少海景及市区照片，水族馆规模不大，里面展示的海洋生物类别还是很可观的，有海鸟、水獭以及小鳄鱼等。

下午5时赶到位于圣彼得堡最有名的景点萨尔瓦多·达利艺术馆，馆内藏有全美最多的特立独行的超现实主义画家萨尔瓦多·达利的作品，这些艺术品涵盖了达利早期艺术生涯至去世前的代表性作品，大规模油画杰作一应俱全，其价值超过3.5亿美元，全部是由俄亥俄州商人雷兹·莫尔斯夫妇收藏的，他们当时登报寻求能够展示这些作品的地方，坦帕湾的居民十分推崇达利作品，在圣彼得堡城的支持下，欣然接受这最为丰富的收藏，他们把原来的海洋产品仓库改建后，建成了这所世界上最大的西班牙个人作品收藏馆。现有的展馆也即将由2011年1月可完工（还有154天）的新馆所替代，新馆由建筑师雅恩-苇茅斯（Yann Weymouth，参与设计巴黎卢浮宫）设计，新馆开馆将展出更多作品。馆内现藏达利在西班牙之外规模最大的一批藏品，包括96幅油画，100多幅水彩和素描，数千件雕塑、摄影和档案材料。达利艺术馆每周四下午5~8点票价优惠至5美元/人（平时14美元/人），所以这个时间参观的人很多，展览从达利早期的第1张学印象派、学塞尚、学很多风景画及手法的作品逐渐看到其后个性的表现。有趣的是雷兹·莫尔斯刚开始接触达利并买达利第1张画时，达利画价1250美元、当配上画框，送到雷兹·莫尔斯手中，则要加上1700美元画框费，共计近3000美元，画框比画贵。可雷兹·莫尔斯并未计较达利的小狡黠而由此成为朋友。达利是个对爱情、事业专一的人，表达的都是心灵的体现、丰富的精神内涵、亲人、上帝、宗教、战争、童年的思想及对现代人体及电脑出现都是有所表现，看此展览第1次直面达利作品，让人震撼而感慨无限，一直看到8点闭馆（馆内不许拍照录像）。

此时馆外坦帕湾水面上泊位上停泊着许多私人游艇，金色余晖下映衬出一幅幅油画般的风景画，色彩凝重斑斓，美得令人窒息。

晚网上标得假日旅店28美元就在本市我们开车20分钟到。夜9：30时买墨西哥卷6.5美元/个，其分量两人分着吃都吃不下，真不知美国人一个人吃一卷是如何吃下去的，差异真大啊。

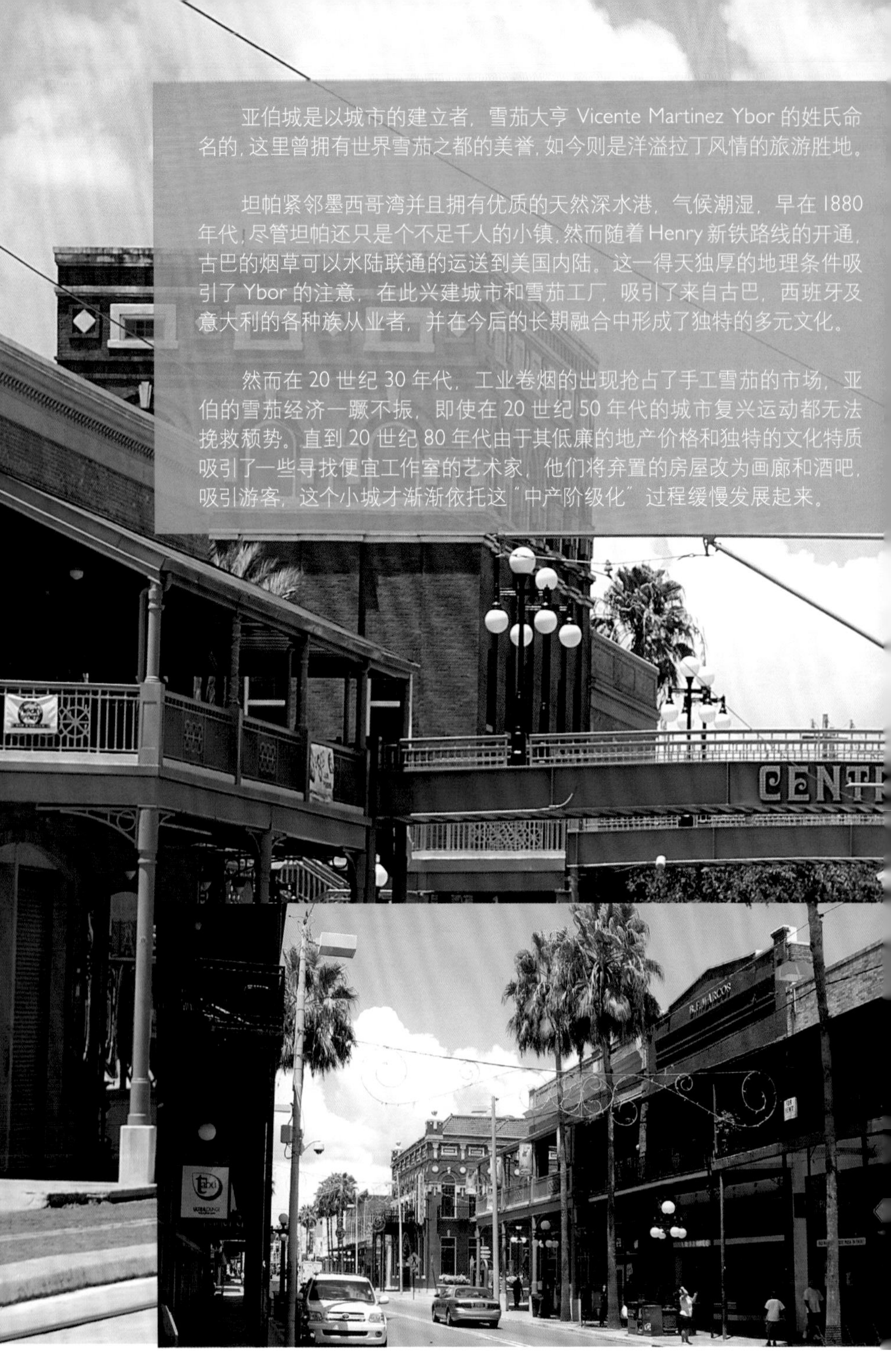

亚伯城是以城市的建立者，雪茄大亨 Vicente Martinez Ybor 的姓氏命名的，这里曾拥有世界雪茄之都的美誉，如今则是洋溢拉丁风情的旅游胜地。

坦帕紧邻墨西哥湾并且拥有优质的天然深水港，气候潮湿，早在 1880 年代，尽管坦帕还只是个不足千人的小镇，然而随着 Henry 新铁路线的开通，古巴的烟草可以水陆联通的运送到美国内陆。这一得天独厚的地理条件吸引了 Ybor 的注意，在此兴建城市和雪茄工厂，吸引了来自古巴，西班牙及意大利的各种族从业者，并在今后的长期融合中形成了独特的多元文化。

然而在 20 世纪 30 年代，工业卷烟的出现抢占了手工雪茄的市场，亚伯的雪茄经济一蹶不振，即使在 20 世纪 50 年代的城市复兴运动都无法挽救颓势。直到 20 世纪 80 年代由于其低廉的地产价格和独特的文化特质吸引了一些寻找便宜工作室的艺术家，他们将弃置的房屋改为画廊和酒吧，吸引游客，这个小城才渐渐依托这"中产阶级化"过程缓慢发展起来。

中产阶级化的概念

与再城市化有关的一个概念是 Gentrification 现象，中文多译作绅士化。Gentrification 一词是英国社会学家格拉斯在 1964 年对伦敦市中产阶级家庭进入工人阶层居住街区的研究中最先采用的。

肯尼迪（M. Kennedy）将 Gentrification 定义为在一个街区中，较高收入的家庭取代较低收入居民的过程，在这个过程中，整个街区的本质特征和文化品位也发生了改变。

Tampa 港是佛罗里达最大的集装箱港口，也是加勒比邮轮的重要始发港。

途中经过色彩明艳的佛罗里达水族馆，门口的跃出水面的蝠鲼雕塑给人留下深刻印象，背后由 1100 块面板按拼接而成的贝壳形气派的大穹顶，则彰显着它是世界第 1 大的建筑公司 HOK 的实力之作。

Curtis Hixon Waterfront Park

Curtis Hixon 滨水公园是由来自纽约的景观建筑师 Thomas Balsley 主持设计的，这个设计通过大空间的坡地草坪，舒展的几何线条和层次丰富的休闲活动空间将河滨步道与坦帕艺术馆完美的统一在一起，将原本贫瘠无物的城市荒地转化为了生机勃勃的城市空间，堪称杰作！

Riverwalk 河滨步道是由 EDAW（现属于 AECOM）规划设计的一个市政项目，政府打算借由这一方案创造连续的滨水公共活动空间，刺激经济，福利公众。

坦帕艺术馆 (Tampa Museum of Art)

The Cass Street Bridge，又名 Atlantic Coast Line Railroad bridge，现在属于 CXS 运输公司。架设在坦帕市希尔斯波河的下承式桁架活动铁桥，当船只要通过时可以开启，这种桥在当前已不多见。

Rivergate Tower

被当地人昵称为啤酒罐大楼，建筑师以斐波那契列为基础设定模数，并用产自法国和德州的石灰石建造外立面，使它成为世界上最高的石灰石建筑之一，也令它在各种玻璃幕墙的建筑构成的天际线中独树一帜，十分美丽。每当傍晚来临，这座质感敦实的圆形大楼在夕照的影响下漫射出暖暖橙光，宛若河边灯塔，给人以希望与力量。

在 I75 的 266 出口处，我们见到了一个披挂着数百个渔网浮标的奇异小屋，后来才知道这里就是佛罗里达著名的 Freeganism（反消费主义）艺术家 Hong Kong Willie 的家庭艺术馆。这里的所有东西都来自于废弃物，而通过艺术家的精心发掘与布置，这些被忽视的物品都再次焕发了生机。反消费主义者不追求物质生活，相反，他们以减少消费及人类对环境的影响为主要目标。

现今的坦帕大学和佛罗里达铁路大亨 Henry B. Plant 的博物馆曾是著名的 Tampa Bay Hotel（坦帕湾酒店），这座始建于 1888 年的梦幻建筑诞生于内战后经济重建工业飞速发展的镀金时代，随着与中东和远东地区交流的增进，见多识广的维多利亚人对当地文化深感兴趣，因此酒店的投资人 Henry B. Plant 一方面选择了带有浓郁安达卢西亚特色的摩尔复兴风格来吸引客人，另一方面也是为了盖过 Flagler 在圣奥古斯丁修建的 Ponce de Leon 酒店。这里 13 个银色宣礼塔各顶一弯新月，象征伊斯兰阴历的 13 个月，繁多的拱窗则是借鉴阿尔汉布拉宫的设计。

第一浸信会教堂

（古典文艺复兴风格建筑）

classical revival 不是 classical renaissance revival 哦！

The Snell Arcade (also known as the Rutland Building)

建于 1926 地中海复兴风格建筑

圣玛莉八角拜占庭教堂

罗马式风格建筑

建筑师：Henry Taylor

除达利自己在西班牙老家建设的博物馆外，圣彼得堡达利博物馆是世界上收藏达利作品最丰富的场馆。

市政码头 (Municipal Marina)

Day 22 塔拉哈西和巴拿马城 行程 414 英里

8月6日

旅店早餐较丰盛，11 时出发，走高速赶路程，行 10 号公路比较快，中午 1 点多钟在 1 个小镇找到 1 家中国餐馆自助餐，因中午餐较为便宜，6 美元 / 人加小费 2 人约 15 美元左右，吃的不错，虾、贝类、乌贼都有，就是遗憾没有寻觅到期待中的蟹脚，饱餐一顿继续上路前行。

下午 6 点到距阿巴拉契湾北岸约 40km 处塔拉哈西，这个城市规模并不大大，不介绍还不知道这里是佛罗里达州府所在地，城市的名字在阿帕拉西语的意思是“古老的土地”，这就是塔拉哈西的起源。

市区建筑较集中建在起伏的山地上。这里有政府办公区，新建的和古老的国会大厦，1 座文化中心和现仍残留有南北战争以前种植园主的豪华宅邸。大多数的建筑都是石砌的，历史可以追溯到 1843 年。我们走在一条用石头铺成的路——亚当斯街，在市中心抓紧拍了些照片。

我们在此地，标不上住宿房间，又到广告薄上推荐的酒店去，恰巧本月这 2 天是佛罗里达州立大学等学校的毕业典礼日，所以城区酒店全部早已挂出客满牌子，后来只得通过网上订海边小城巴拿马城 Panama City 酒店 58 美元（含税费），虽贵了点但条件不错，相比较门市最低价 59 美元（不含税）还是便宜的。明天准备到 New Orleans 新奥尔良。

法院：学院派混合新古典主义风格

佛罗里达最高法院（希腊复兴风格建筑）

8月7日

酒店有早餐。吃点心（甜点）牛奶麦片、香蕉、咖啡，7 日上午 10：40 时标新奥尔良酒店 3 星 40 美元（总价 52 美元）。

上午 11 点出发，墨西哥湾海水这段时间因英国石油公司石油海上钻井平台漏油事故影响，所以问题较复杂。因部分区域污染之故，途中看到不少地方树立不可下海游泳的告示牌，海水散发出鱼腥味（由海洋生物死亡引起），近处呈一种酱油色，远比不上大西洋海岸那边清澈。现在污染危机正在逐步退去，期待再次恢复原有景色吧。

下午 1 点到 West Bay 看银色沙滩，因沙砾中掺杂硫酸盐的成份，特显银光闪烁，海水也显得色彩更丰富，我们看到这未受污染影响依然很美的地方，三五成群蜜色皮肤的青年男女们嬉戏于海滩。

下午 3 点多钟经过沃尔顿堡滩 Fort Walton Beach，这里独特的风景是有众多浅海滩涂，很多游艇就停在白色滩涂的海面上，游人则站在水中沙洲上嬉戏，这可是难得一见的奇景。心想，下次一定租个游艇享受下这独有的乐趣。沿海岸还有许多度假小尾，五颜六色对比强烈，另有不少以海洋生物造型生动的小店、游乐场以吸引孩童及游人。

今天开车出现 2 次情况：

第 1 次情况：车行途中见到路边景色宜人，想停在公路旁的沙丘地去看下海景，结果车了一下陷入沙地中，车轮空转几下整个爬在沙地上，因不是四驱车，遇此情况赶快关闭发动机。前不着村后不着店的，无奈中只得赶紧电话 AAA 汽车俱乐部请求救援，AAA 按规定通常无论在全美何处，45 分钟内保证到达。果然在规定时限内，我们正翘首以待时，一辆巨大的 AAA 救援拖车到来，工作人员爬在我们车轮处挖出阻塞的沙土，先设想将我们车子铲入拖车，后来干脆用钢索将车直接拉出到公路上解决了问题。工作人员仔细检查我们车辆状况良好，并夸奖我们及时停车等待救援的措施正确，如果车辆陷入后反复强行启动，车辆发动机会因过热而损毁。为感谢救援员工的服务，给 20 美元小费以示谢意。

下午 5：00 时继续赶往新奥尔良，这中间行驶过亚拉巴马州与密西西比州的西端海岸，晚上 9：30 时到达路易斯安那州的新奥尔良。

第 2 次情况：途中还差点用光汽油，在看到油表已到下限时，虽经过加油站犹豫了一下，想到下一个加油站再加油，没想到后面一下子走入的是跨海桥路，在大海中穿行且英里数极长，一直再没有设加油站，我们眼睁睁看着油表进入红色警示区不停地闪烁，到后来几乎闭住呼吸紧靠桥边上紧急停车道开，设想一旦没油了还可滑行停车在停车道上，不然阻塞道路就麻烦了。绝望中最后关头，终于开上了陆地找到一个极简陋，只有 1 个加油机而且油价极高加油站，但这已是我们的救星了，不然，又得求助 AAA 汽车俱乐部给我们途中送油了。通过这次教训，在以后行程中到哪都要先注意加油，时刻关注加油站距离信息。其实，美国公路休息站、加油站等设施比较完善，我们此行虽备有空油桶但还一直没用过。

今天路程走的很长，1 天跨了 4 个州。2 次遇紧急情况差点毁了行程，想来有些后怕。为自行减压，找一家中餐自助餐馆饱餐一顿，大有那种一醉解千愁的快感。今天辛苦有加，全天吃正餐，餐费税加小费共花去 30 美元，夜 11 点到酒店休息。

自从 7 月 30 日进入佛罗里达州的托拉比奇至今天离开沃尔顿堡滩，整整 9 天时间，这是此行在 1 个州穿行与停留最长的时间。有阳光之州之称的佛罗里达属亚热带湿润气候，由于有墨西哥湾的暖流以及盛行的南风吹拂，东南沿海以及佛罗里达群岛冬季十分温暖。是退休、养老、避寒的首选之地，而且该州海岸线长 1.35 万 km（墨西哥湾沿岸 8200km，大西洋岸 5300km），有数不胜数的漂亮海滩，是旅游、度假的好去处，更有许多不同时期风格的建筑，洋溢着浓厚文化底蕴的城镇，其景致美不胜收，确实是我们流连忘返的缘故所在。

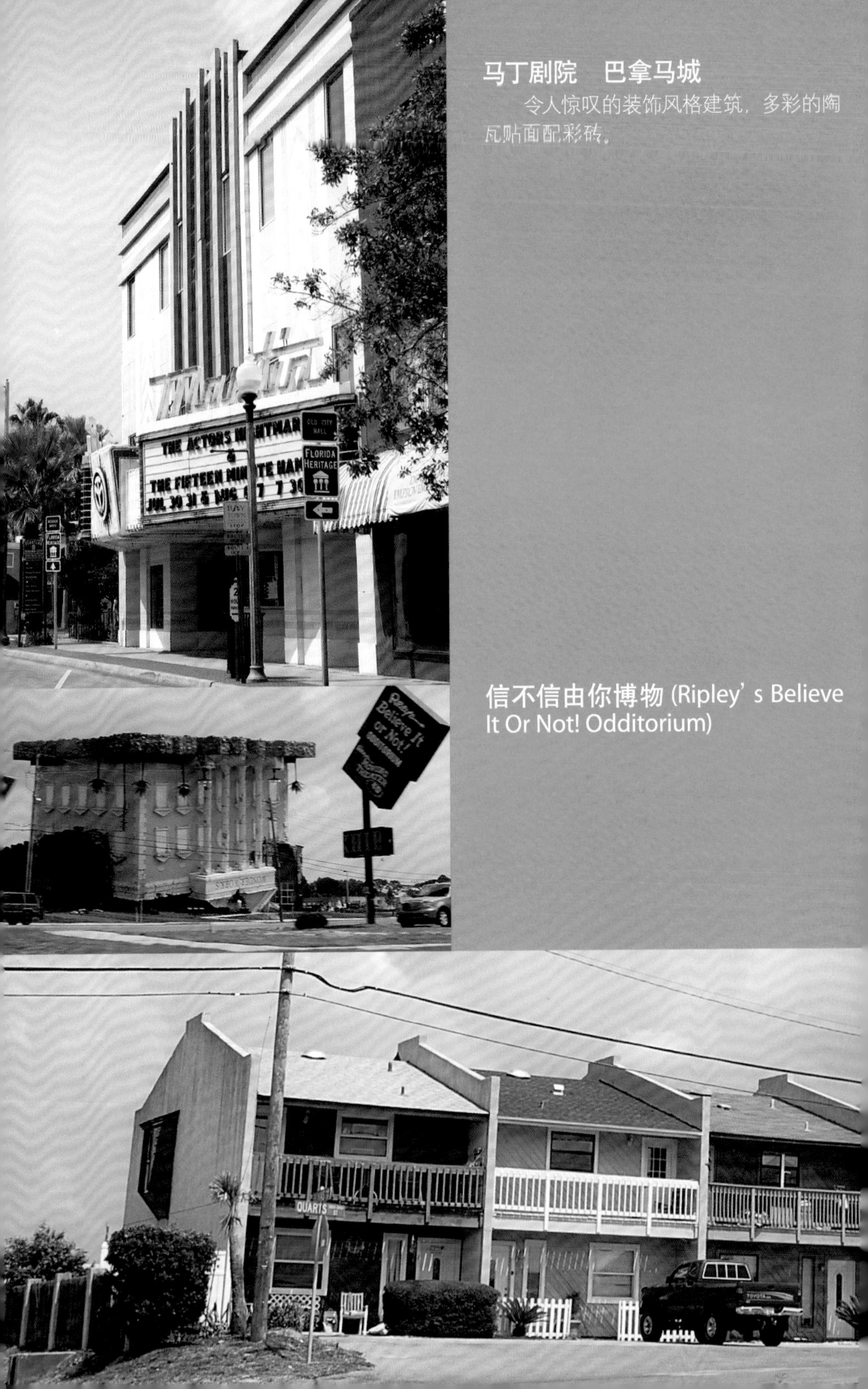

马丁剧院　巴拿马城

令人惊叹的装饰风格建筑，多彩的陶瓦贴面配彩砖。

信不信由你博物 (Ripley’ s Believe It Or Not! Odditorium)

FLORIDA DEPARTMENT OF
HEALTH
The Bay County Health Department conducts saltwater beach water quality monitoring in accordance with the Florida Healthy Beaches Monitoring Program. Weekly water samples are being analyzed for enteric bacteria that normally inhabit the intestinal tract of humans and animals, and which may cause human disease, infections or rashes. The presence of enteric bacteria is an indication of fecal pollution, which may come from storm water runoff, pets and wildlife, and human sewage. Poor results are posted as a "Warning" or an "Advisory" at the affected beaches.
If a "Warning" or "Advisory" is posted BELOW, It should be considered a potential health risk to the bathing public. If you have any questions, please contact the Bay County Health Department at 872-4660 Ext. 237, or visit the Department of Health's Beach Water Quality website (www.doh.state.fl.us, click on the drop down arrow next to "Choose Subject" and then select "Beach Water Quality").
ADVISORY
HIGH BACTERIAL LEVELS
HEALTH RISK AT THIS TIME
SWIMMING
NOT RECOMMENDED
ADVISORY
TESTS CONDUCTED ON 07-19-2010
INDICATE THAT BEACH WATER QUALITY DOES NOT MEET THE CRITERIA FOR ENTEROCOCCI BACTERIA RECOMMENDED BY THE UNITED STATES ENVIRONMENTAL PROTECTION AGENCY. THIS INDICATES THAT WATER CONTACT MAY POSE AN INCREASED RISK OF DISEASE, PARTICULARLY FOR SUSCEPTIBLE INDIVIDUALS.
FOR MORE INFORMATION PLEASE VIEW OUR WEBSITE AT WWW.DOH.STATE.FL.US, OR CONTACT THE BAY COUNTY HEALTH DEPARTMENT AT 872-4660, EXT 237.
EMERALD COAST
CLEAN WERKS, INC

Destin 自誉为最幸运的小渔村。这里本是个名不见经传的小渔村，然而依托自己的碧海白沙，泻湖沙洲，吸引了大量游客，经济快速发展，现在号称拥有佛州最大的船队、各色高档度假酒店及完善的沿海旅游配套资源开发。

螃蟹岛是一个水下的沙洲，深度从约 0.6~3m 不等，但没有任何一处高出水面。因此这里成为了游艇聚会的天堂。人们把船开上沙洲然后在水中行走于沙洲之上，在细沙与阳光的拥抱中感受蓝天碧海的无尽美丽，而自己则成为海景奇观的一部分。

ALL DAY
Snorkel
Headquarters

Day 24 爵士之乡 新奥尔良 行程 379 英里

8月8日

早晨吃自带饼干果汁，在旅店游泳池游了一会泳，全身放松了一下。上午 11 时出发到新奥尔良市内，今天正逢阿姆斯特朗音乐节，沿途见到多处露天集会演奏的爵士乐，在随兴、节奏欢快的爵士乐伴奏下，人们放松心态，摇摆着舞步，到处沉浸在一片音乐与舞动的海洋中。

路易斯·阿姆斯特朗（Louis Armstrong，1901 年 8 月 4 日 ~1971 年 7 月 6 日），美国爵士乐音乐家。阿姆斯特朗生于新奥尔良市的 1 个贫穷的家庭，是 20 世纪最著名的爵士乐音乐家之一，被称为"爵士乐之父"。他以超凡的个人魅力和不断地创新，将爵士乐从新奥尔良地区带向全世界，变成广受大众欢迎的音乐形式。阿姆斯特朗早年以演奏小号成名，后来他以独特的沙哑嗓音成为爵士歌手中的佼佼者。

美国爵士乐的先驱是新奥尔良的铜管乐队，早期即兴表演是为增加乐趣，随着 1971 年爵士乐第 1 张唱片的诞生，夸张鲜明的曲风，形成高调、张扬、奔放的风格，爵士乐开始流行起来，其动听的旋律吸引了无数听众。

我们参观了美国古造币厂，一座希腊复兴时期的建筑，1909 年前它还在制造包括同盟国和墨西哥所用的流通货币。20 世纪 70 年代州政府把它建造为美国古币造币厂历史展品博物馆，同时还建立存放新奥尔良爵士乐藏品的博物馆，1 个展示爵士乐发展的地方。今天这里到处视阿姆斯特朗为偶像，到处人头涌动，在庭院内处人们都在尽情歌舞，其中黑人居多，低沉的歌喉，弹性的舞姿，轻快的节奏，明显感觉他们在这方面有种与生俱来的天分。

行走不远到了杰克逊广场北面，是新奥尔良有名的法语市场，这里是极具新奥尔良特色的地方。那里有传统欧式建筑与大片棚屋结构跳蚤市场相衔接，是生机勃勃的古代市场的缩影。这里出售的商品包罗万象，主要卖一些旅游纪念品和艺术品，看了一下其中很多是为中国产的小商品。因为音乐节的关系，到处是熙熙攘攘的人群，广场上也有许多自由组合的爵士乐演奏，很多游客参与其中娱乐，歌舞到高潮之时，赢得路人一片掌声，现场气氛热情洋溢。

路易斯安那州一度是法国的殖民地，后来才被卖给美国，因此保留了许多浓郁的法国特色建筑和风俗。新奥尔良中心的法国区就是一个典型代表。市场附近有许多古色古香的街区，建筑大多密集而高度整齐，有着欧洲大陆特有的巴洛克式的精美建筑形式，几乎每栋都有面朝大街的阳台，街边是一些古董店与画廊，极富法国情调。在这里随处可见新奥尔良铁艺品，铁艺所铸的阳台、栅栏、窗户甚至大门装饰起来极显浪漫主义色彩。我们也从新奥尔良最有名的脱衣舞街穿行，白天这里一片宁静，试想夜幕降临后，这里可是灯红酒绿喧闹沉醉的另一番景象。

下午赶路开 5 个多小时车，夜 10 点到达休斯顿，从路易斯安娜到得克萨斯途径 2 个州，华宁拍得酒店标价 24 美元，是我们住过的 Extended Stay Hotels 可做餐，去超市买花菜、牛肉、果汁、鸡蛋（2.99 美元 /6 个）回来做牛肉面。

在新奥尔良华宁去商城找同一品牌眼镜专卖店去修理下墨镜（眼镜角上掉了个小螺丝），本想能配个螺丝就行了，但店员坚持要给换一副新的同型号墨镜，在美国对商品有极好的售后服务：1. 凡是购买商品在一定规定时间内可无条件退、换货品。2. 商品有问题可在全国同一品牌店修理调换。在有无条件退换这一服务前提下，人与人关系更显亲切、信赖、和谐。从许多方面证实，我在美国，遇到的很多人和事都在告知我多数美国人的诚信、友好和善良完全是值得信赖的。

提到新奥尔良，人们总是想到音乐，美酒和狂欢。然而在乐观精神的背后，这其实是1个经历过水火洗礼的多灾多难的城市：18世纪的2场大火，将早期的法式建筑基本烧了个精光，2005年的卡特里娜飓风又冲破大堤，几乎将这座低于海平面的城市整个淹没。

在美国早期的6大殖民建筑风格中，不同于其他从欧洲各国直接引进当地建筑形式的设计方式，新奥尔良的克里奥式是唯一在美国本土发展出来的融合形式。

Stage

nola
.COM
LOUISIANA
WITH NOLA.COM
YOUR HOME FOR
DINING
nola.com/entertainm
Connie Jones

克里奥排屋 (Creole Townhouse)

Victorian Era Shops and Apartments
维多利亚时期的店面

Shotgun House
特征是：抬高的地基 / 一层半高 / 屋脊垂直于街面

Creole Cottage
早期特征是：抬高的地基 / 一层半高 / 无门廊 /4 开间 / 屋脊平行街面

8月9日

自做早餐享用后，计划去博物馆区，今天又恰好周1，许多艺术馆、博物馆都休息闭馆，只好先去了在得克萨斯州罗斯大道的罗斯科礼拜堂 Rothko Chapl。罗斯科礼拜堂是1个独立的机构，是一个非宗派的教堂，一个神圣的地方，向所有的人开放（开放时间 10：00~18：00）。内有由俄罗斯出生的美国画家罗斯科的壁画装饰，教堂四壁装饰有巨幅黑色抽象油画，画幅全黑色无任何形象，体现作者的艺术宗旨："绘画的终极表现是形象全无"。艺术作品本身只是提供一种契机，"意义"存在于作品之外。观者可以根据自己的思想、知识储备和当时的心理状态，对作品进行各自不同的解读。默默感受上天的意志，这印证了艺术与宗教相吻合，1个有宁静的冥想环境的礼拜堂受到欢迎，拜访者每年超过 60000 人次，各种信仰和来自世界各地的人参观这所礼拜堂。进入礼拜堂要关掉包括手机在内的一切现代电子设备，通过坐立冥想，对我们来说是少有的感悟经历。"极少主义"艺术家巴内特·纽曼的雄伟雕塑《残破的方尖碑》矗立在礼拜堂前的广场水池中，作品的制作手段极为简约，只是尖锥形雕塑上支撑着倒置并残损的方尖碑，体现出的是他的哲学观念。今天 On the plaza，Barnett Newman's majestic sculpture，Broken Obelisk，stands in memory of Dr. Martin Luther King，Jr.这次体验必定是这1天最大的收获。

休斯敦犹太人大屠杀博物馆（Holocaust Museum Houston），这是今天参观的第 2 个景点。博物馆建筑造型类似一艘沉没中的轮船，陈列展示了二战中犹太人遭受纳粹屠杀及逃亡的苦难佚。在美国很多重要城市都有此类博物馆，还有原住民印第安人博物馆。

之后又驾车去参观了1个邮差用捡来废弃物装饰自建的房子柑橘房屋（Orange House），邮差按个人的喜好用废弃物搭建这座童话般建筑物，建筑刷成橙色基调并插上许多配以黄、绿色点缀各种动物、花卉、几何纹样造型的装饰物，看起来显得非常奇特有趣。现在这里已有一个俱乐部聚集一群共同爱好者在管理这一景点。

附近还有座更有特色的啤酒罐小屋（The Beer Can House），用空啤酒易拉罐装饰的房子。业主是铁路退休职员，喜好喝啤酒，用 5 万个啤酒罐作为装饰材料，前后 18 年完成整个装饰过程。看到眼前这整栋住宅，装饰的琳琅满目、银光闪烁。每当微风拂过，那1串串吊挂在屋檐下的啤酒罐上盖与底片，风铃般叮当作响。在业主经济困窘时，1个基金会买下并维修管理这个小屋，使之成为1个民间艺术的参观场所，成为休斯敦又1重要特色景点。由此看来，这些崇尚个性自由的创造行为，既顺应大众审美情趣，又彰显出诸多极具个性的民间艺术品。

参观完休斯敦这一区域，驱车赶着去圣安东尼奥城，走 10 号公路，约 3 小时，途中我们轮流开车。晚 6 点进城到市中心正好是可免费街 Parking 时间。圣安东尼奥是得克萨斯州历史韵味最浓厚的城市，扮演过至关重要的历史角色。这里发生过阿拉莫之战，得克萨斯争取独立的战役，美国有部同名电影描述了这场战争。保留有阿拉莫城堡遗址及城墙看起来很小的城堡，在过去四周是开阔天地情况下，也就是个石围子，在这场得克萨斯摆脱墨西哥统治的独立战争中 189 名美国人献去了生命。

圣安东尼奥城市有秀美的自然风光，城市从骨子里透着西班牙和墨西哥的风格及情调。尤其是一条名为圣安东尼奥河的小河弯转城内，以其繁荣而又绿意盎然的河畔商业街而闻名于世。河畔林荫道起初是为防洪修建的，如今我们行走在这条河畔步行道上，只见满河谷的大树，已成长的蔚为壮观。河畔道旁酒店、餐厅、露天剧场、路边咖啡馆、旅游纪念品店以及剧院、博物馆鳞次栉比。平底游船（8 元/人）穿行其间形成理想的观光游线。

我们游览了城区的 3 个星级景点：小镇、河畔商业界、阿拉莫。小镇遍布石头和土砖砌成的墨西哥风格建筑；河畔街可见到西班牙风格的小剧场；阿拉莫以前则是世俗的传教区，伟大的得克萨斯革命的旧址。整个圣安东尼奥因有河畔街而使城市建筑层次丰富，现代与传统风格交织在一起，市街道整洁，是美国第 2 最佳旅游城市（第1是纽约）。我们一直在街头逗留到夜深，到凌晨 2 点才回住地休息，又是收获丰硕的一天。

大隐隐于世——梅尼尔家族的收藏

罗斯科教堂
(Rothko Chapel)
无教派的静思堂

碎裂的方尖碑
(Broken Obelisk)
纪念马丁路德金

梅尼尔收藏博物馆 (Menil Collection Gallery)

这座位于休斯敦郊外的博物馆是由意大利建筑师仑佐皮亚诺主持设计的。广袤的草坪与茂盛的大树，勾勒出完全不同于市区的恬淡气质，灰色的梅尼尔博物馆，朴素至极的矗立在这里，看上去甚至有些不起眼。然而其实它的内部拥有巨大的展示空间和精湛的自然采光设计，通过天窗和反光板控制通光亮，达到了白天的全日照展示，是1座非常有内涵的建筑。

Renzo Piano 伦佐 · 皮亚诺

他的建筑风格就是不拘一格，不同于其他特色鲜明的大师，光看作品你很难说出这是皮亚诺的设计。然而他关注场所，关注人文的设计用心，都能在不同风格的建筑外表下完美体现。

最引人注目的是吊挂于钢结构上、呈曲面状的预制混凝土反光板。此一如机翼般优雅曲面造型的反光板，是皮亚诺与结构大师彼得 · 莱斯（Peter Rice）合作的创新发明，不但将自然的光源神奇地漫射于展示厅内，更彰显了清晰的结构与科技的美感。

"你必须做得足够好。建筑师是一项非常危险的职业——犯了错误可是会延续很长时间的。"

伦佐 · 皮亚诺

Dresden
GERMANY
Senta
YUGOSLAVIA
Danzig
The names inscribed on these stone
represent only a fraction of the Jewis
communities destroyed during the Na
attempt to annihilate the Jews of Eur
These communities were the ancest
homes of Holocaust survivors.
1939 - 1945
Deblin
POLAND

缤纷橙子秀，玲珑啤酒罐小屋

THE ORANGE SHOW

橙子秀

啤酒罐小屋

“记住阿拉莫”（Remember the Alamo）

阿拉莫是美国得克萨斯州圣安东尼奥的天主教方济各会传教区，曾于1836年得克萨斯独立战争中被墨西哥占领，虽然阿拉莫一役中得克萨斯军队寡不敌众在顽抗13天后被全歼灭，但士兵的英勇奋战却为整体战争形势赢得了重要战机，成为最终胜利的关键。

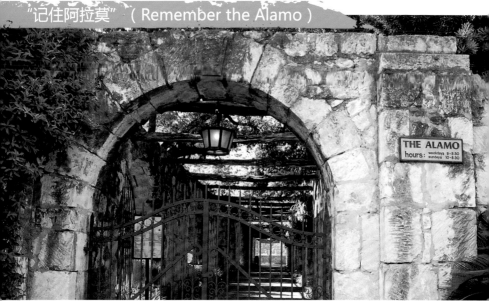

曾经的硝烟早已过去，街上的行人三三两两的经过，这天下午，得克萨斯明亮的阳光穿过被光线照得透明的树叶，投射在阿拉莫宁静的石灰岩和砂浆上，无声的给周遭的一切都注入了温暖。

我们走在历史的影子里，却也留下自己的脚步和身影，成为时间的痕迹。

历史的色彩——La Villita 艺术家村

La Villita 西班牙语名“小村庄”，是圣安东尼奥的第 1 个聚落，城市发源地，应该说拥有比美国还悠久的历史。曾经的住客有印第安人，西班牙驻军，欧洲的德法移民等。因此这里从土坯房，墨西哥灰泥屋到德国砖房等各种融合，达到了今天和谐共存的局面。借由这深厚的文化积淀，La villita 今天是艺术家聚居的旅游新地标，各色画廊和手工艺商店售卖原创的艺术品，令人目不暇接。

步入 La villita，门口的这一缕斜照暖暖的映入我心里，深吸一口气，时间停滞，仿佛可以闻到阳光的味道。这里没有华丽的石材，繁复的装饰，特立独行的造型，却从容温馨，莫名感动。

石材，泥土，灰泥，实木，大地的材料构成大地色系，丰富而内敛，将时代与民族的差异，完美的协调在了一起。不经修边却精心铺设图案的景观，勾勒出粗犷的自然美，层次丰富的绿植，则体现出人化自然的匠心独运。

光阴，原来是最好的设计师。

隔河相望——河边露天剧场（Arneson River）

剧场入口的借景

连接舞台和观众的桥

河边露天剧场始建于1939年，由本土建筑师 Robert Hugman 主持设计，是模仿古典西班牙传教堂形式的露天剧场（注：石灰岩块是西班牙传教堂常用材料，铃铛则是教堂报时和召唤教友的标准配置）。

这个剧场巧妙利用河岸两侧的空间，融合舞台、水面和观众，立体而开放，浪漫又实用。

大台阶式的观众席

层次多样的河岸空间

美国的威尼斯——河滨步道（The River Walk）

圣安东尼奥最浪漫的河滨步道——是一项伟大的城市设计。然而它的出现和浪漫本毫无关系，仅是源于最初的水灾防治工程。发源于德州中部的圣安东尼奥河，蜿蜒穿过圣安东尼奥市中心后汇入墨西哥湾，是城市的母亲河，然而19世纪河岸的过度开发破坏了原始生态，水灾频发，1921年的洪水夺取50人生命，市政于是决定在上游修建水坝分洪，开凿运河使水流绕过市区的弯曲段，通过封闭弯段河区并改为排水系统，解决隐患。无比庆幸的事，这一方案因遭反对没有实施，1929年，Robert Hugman创造性地提出在河弯南边的下游建一个小拦水坝，在北边的上游和连接大拐弯两头的运河口各建一个闸门以控制洪水，从而在保证安全的前提下利用市区河道的弯曲段，开发商业，借由亲水特性将其设计为一个包括步道，商业，水坝，楼梯和人行桥的沿河城市地区生态系统。尽管该方案开始并不被看好，但其最终在人们的质疑与阻力下依旧得以实施，才使今天的圣安东尼奥有机会因The River Wall的美丽而闻名于世。

建筑与河道巧妙相接，在步道层和车道层各开出口，游人可以利用桥梁和建筑随意穿梭

分布在圣安东尼奥河的河畔步道共约4.5km长，坐落在河谷两旁的各种建筑都低于城市街道的层面，在改造旧河道的过程中，丰富了城市结构，已巧妙地解决了城市人车分流的问题。也可以说已是我们今天倡导的城市综合体的雏形，只是那时还没有地铁与高架而已。

午后河边的餐馆，可以来喝一杯下午茶

夜晚的步道，让人想起桨声灯影里的秦淮河

圣何塞大教堂 (1868-1871)

风格：哥特复兴

Dallalg 建筑 (1883)

风格：维多利亚时代

其建筑特色是，这座城市第一个装电梯并有蒸气加热系统。

克利福德大厦 (1893)

风格：罗马复兴

圣安东尼奥新闻中心 (1929)

风格：赫伯特时代 Green 装饰艺术

Bonhan 证券大楼 (1891 建)
法国文艺复兴风格

艾米莉摩根酒店 (1924)
哥特复兴——19 世纪 20 年代美国高楼的流行风格

德州的 Joske 百货店
装饰风格
在阿拉斯加归属前一直以最大州的最大商店自称

Day 26　从圣安东尼奥到艾尔帕索　行程 458 英里

8月10日

今天连续开车 8 个多小时从圣安东尼奥到得克萨斯州小城艾尔帕索，行程 458 英里。应该一整天都在车上。下午我开了近 3 小时，道路上车很少，可说前后都少见车，驾驶时将车速定在 90 英里规定指数的自动巡航上，手中控制一下方向盘就行了，很轻松的事情。华宁有美国驾照，我是中国的驾照，我们俩人换着开车。（关于中国驾照在美国能否可用，有人说驾照在中国公证处做个翻译并开具公证书，就可行。其实从根本上说应是人家承不承认你驾照的合法性，不是关注你驾照的真假。我一说大家就明白了，公证处挣那几百元钱是硬道理。其实中国现在新版驾照有中英文对照就行了，让美国警察能看得懂。应该说在美国大多数州可用。当然，对此各州法规会有不同，这就是美国。我有许多朋友来美国租车，只要出示中国驾照就可以租到，我想以后会越来越方便。像今天开了一整天车也见不到一个警察，谈何驾照的事。但是有一点，美国交规有许多要注意地方：首先开车礼让，在路口无论有无人与车，一定先停下观察再通过。另外，进入高速公路尽快提升至规定速度，与我们限高速不同，还限低速。有的路段规定小车时速 80 英里。这下我理解为什么美国人喜欢买大功率车了，开起来过瘾。还有一点在中国开车人流任意穿行，那多复杂路况都过来了，到美国路广人稀，我们开车技术水平根本发挥不出来。唯一体会就是车上一定要有自动巡航功能，不用加油门，把住方向盘就行了。）

下午 3 点在索若拉地区的公路休息站午餐。一路开车遇到过许多休息站，大型的都设有服务区，小型的则无人看守，但宣传资料，饮水，厕所卫生设施都一应俱全。各个州休息站设计都很有地区特点，这里自用餐饮的休息棚，就是以得克萨斯州传统马车高大车轮为造型，很容易让人联想到荒原与牧场。

得克萨斯州地处沙漠，气候条件严酷，冬冷夏热，树木稀少也难得看到绿地。这种粗犷的西部风格，使得该州西部山川景色一路风光无限，最特别是平原上突兀的山峦尤为壮观。在到了 1 个叫 Bakerfield 的地方，看到道路尽头耸立 1 座金字塔样山峰，心灵感到震颤，有种神圣的遐想，那是否就是印第安人的神山，不由兴奋不已。恰好行驶的这条道路笔直通了过去，但开了很久也没到达，倒是我们第 2 次遇到油荒，在我们油表过大半时开了 100 多公里没见加油站，现在显示快没油了，直到山脚下有个加油站才救了我们，这是否就是天意？3 美元 / 加仑算是很贵的了（此前有过 1.8 美元、2 美元多的），上次过跨海公路已遇过缺油危机，再次提醒自己要吸取教训不然麻烦大了。再环视四周，原野上布满油田采油机，要知道得克萨斯一个产石油的地方，其石油产量占美国总产量的 1/3，油价不该是这样。

道路不断起伏变化，大地开阔显得苍茫，很多未开发的土地略显蛮荒。近傍晚时落日余晖正对着我开车方向，照射着开车的我几乎只看到鼻子底下的一点地方，戴着墨镜也睁不大眼睛，好在公路上车少可凭感觉开，但终归车速快的实在看不太清前方路况存在的危险。这次开车经历想起来真的很危险。

晚上 9 点到酒店，对面有家烤肉店在当地很有名，我们买烤牛肉 8 美元 / 斤，味道好极了。买烤肉还免费送些面包，这样，我们饭菜都有了。

得克萨斯州在美国经济中占有很重要的地位。长期以来，得克萨斯州主要依托其丰富的自然资源发展经济，素以能源工业著称于世，是美国最大的能源生产州。得克萨斯州的石油和天然气产量分别占全美产量的 1/3 和 1/4，炼油能力占全美的 27%。

十八轮大卡车

得克萨斯州——车轮造型休息站

休息站一般都会选择建在林木环抱中，即便在得克萨斯西部这样尽显烈日、红岩、蝮蛇的干燥地区，也在休息区旁的林木中设置了许多独立的、夸张的车轮造型的休息亭，内设桌椅供路人短暂休息。

休息站的安全驾驶广告

色彩明艳的休息站

美国高速公路休息站建设很简单，通常都是平顶建筑，但都设计的极具地方特色。休息站通常有厕所、饮水机、食物自动售货机，提供免费的相关地区导游资料和地图册。与中国不同的是没有餐厅，大部分没有加油站，但会综合考虑污水、垃圾、雨水处理及文物保护问题。

Day 27　边境小城　艾尔帕索　行程 428 英里

8月11日

艾尔帕索是得克萨斯州最西部的一个县。北邻新墨西哥州，南邻墨西哥奇瓦瓦州。艾尔帕索西班牙语的意思是"山口"，一座紧靠墨西哥的边境小城，与墨西哥的华雷斯城仅相隔一条格兰德河。昨天开车到来时还反复相互提醒，别一不留神开去墨西哥，因没有签证回不到美国也回不了中国那就麻烦了。

艾尔帕索有着浓郁的得州和墨西哥气息，各种文化和传统在这里交融并汇，城市风格混杂：银行酒店林立的现代化高楼，古典的西班牙风格建筑区，印第安保留地，还有大大小小的军事基地，令人目不暇接。在艾尔帕索城区有一条建筑景观带，沿街走了一圈，拍了不少照片。新建的剧院及活动中心是弧形时尚的建筑，许多当地民众在为政治活动集会其中。老建筑相对集中城区中间，参观一下博物馆、电影院一些老影片海报陈列廊道中很有一番怀旧的情结。小广场耸立牛仔驾驭烈马的雕塑，奔放生动的造型反映西部人豪迈的性格。

今天泊车 3 美元 / 天，中午在这里肯定选家墨西哥餐厅就餐，2 人 15 美元（5.99 美元＋ 6.99 美元 2 份套餐）。餐后向下 I 站经新墨西哥州至亚利桑那州，开车 5 个多小时，当地时间（已较密歇根时差晚 2~3 小时）8 点多到图森，天已全黑，因艾尔帕索是美墨边境小城，出城时经过边防检查，检查站军警持警犬戒备森严的对每辆车盘查，但对我们的检查，仅是隔着车窗看了一下华宁驾照就放行了，可能看到我们是亚洲黄种人面孔的关系，我想他们主要是防范墨西哥人偷渡，并查走私毒品。

晚拍到酒店 24 美元，算是很便宜了。

Caples, Richard, Building

设计师：Trost & Trost 事务所

风格：罗马式——19 世纪末及 20 世纪初的美国运动

Abdou Building
(建于 1909-1910)
设计师：Trost & Trost 事务所
风格：芝加哥学派
是艾尔帕所的第一座高层建筑

White House Department Store and Hotel McCoy (1912)

设计师 Trost & Trost

J. J. Newberry 公司 (1911)

设计师：Trost & Trost 事务所

芝加哥学派

Anson Mills Building(1910-1912)

设计师：Trost & Trost 事务所

当时最大的混凝土建筑

芝加哥学派，苏利文主义

酒店 Paso del Norte (1912)

设计师：Trost & Trost 事务所

风格：学院派建筑，芝加哥学派

宫殿剧院 (1914)

设计师：Trost & Trost 事务所

摩尔复兴风格

O. T. Bassett Tower(1930)

设计师：Trost & Trost 事务所

装饰风格晚期——现代流线型

Cortez 酒店 (1926)

设计师：Trost & Trost 事务所

风格：西班牙殖民复兴　被称为艾尔帕所广场上的一座老西班牙城堡

广场酒店 (1930)

设计师：Trost & Trost 事务所

Hilton 的第一座高层酒店

装饰风格的砖混大楼

广场剧院 (1930)
设计师：Dunne, Scott and Goetting
西班牙殖民复兴风格

Kress 大楼 (1938)
设计师：Edward Sibbert
装饰风格

Merrick 大楼 (1887)

安妮女皇和罗马风格框架，维多利亚式细部

18
19
20
28
29
30
WE
DEVELOP
IN MINUTES

ROPA INTIMA
VESTIDOS
ART
COMPRAMOS PEDACERIA DE ORO Y PLATA
JOYERIA
APARTADOS
RELOJES
MONEDAS
GENEVA LOAN & JEWELRY CO.
PAWN SHOP
PILAS PARA RELOJ
WE BUY GOLD
COMPRAMOS ORO

8月12日

图森市是亚利桑那州的第 2 大城市，气候干燥，阳光充足。上午在酒店睡到快 10 点，已过了酒店早餐时间，匆忙下点快餐面，加入香肠，每人 2 个鸡蛋，吃完抢着洗澡。退房已 11 点多了。

开车到城内，见到最显眼的特征是，五六个人高的仙人柱，大量沙漠植物比比皆是。这可是我们以前只有在公园温室中的热带植物园中才可见。更有许多西班牙、墨西哥风格的别墅及融合了土著与殖民风格的简洁与精美的小建筑，市中心高层则是体量、比例、尺度均衡的建筑，以往总觉得美国路上所见高层设计远比不上小建筑合比例，在这里看法有了改变。参观了图森艺术馆，馆内有收费和免费展览，花了 8 美元购票看了现代艺术展。另外，感到分外亲切的是馆中有 1 个中国汉代文物展，是与中国进行的文化交流展览，在此展 5 年，工作人员告诉我们还余 3 年时间，另 1 展室有当代本土绘画，主要是描绘大峡谷及印第安骑手狩猎等场面的绘画及印第安人手工艺品。庭院内还有一个独特土著人泥屋，室内展墨西哥人手工泥彩塑，塑造表现出多种民俗活动的场景，显得蔚为壮观，其繁复程度与极为艳丽的色彩再加上这么大体量是很难得的珍品。

在参观一座老法院出来，一位热心警察看到我背长镜头相机，主动告诉我们他也喜欢摄影，要想拍到全城面貌，可到旁边一座高校乘电梯上大楼顶层停车场，上面眺望全市景观。我们按指点上去果然拍了不少全景照，除下面那座刚才参观过西班牙风格老法院和一些现代建筑群外，还发现楼下不远处还有个土著居住地的历史原址。下去参观了下这 1 小块原汁原味早期印第安人土坯房及生活用品，这种用土砖砌墙，树干支顶，再通体抹上灰泥的房子，与我在新疆调研喀什传统民居的修筑方式相似，这类建筑的存在必须要有 1 个先决条件，就是依赖于少雨、干燥的环境。

对我们来说热带风情一切都好，只是亚利桑那的阳光快把我们烧成肉干，想要在车的发动机油箱盖上煎熟鸡蛋绝对没问题。今天在车上的空调冷气已作用甚微，在车内如同蒸桑拿一样，还一度以为车上座椅加热打开了烫得很，垫了个枕头隔着才能坐下，其高温可想而知。

驱车赶去看据说很特别的 1 处生物圈景观区，可惜到园门已是 4：15 时，园区 4：00 关门，打电话联系没办法通融。折回前往菲尼克斯（凤凰城）已是下午 6 点多，又吃的墨西哥餐。标到二星级酒店 23 美元（未加税费）。

比马郡法律服务大楼 (1975)
风格：国际风格

美洲银行 (1977)
国际风格

Unisource 能源大楼 (1986)
风格：后现代

Joel D. Valdez 图森比马郡公共图书馆 (1989)

图森：印第安语 Chuk-son 黑山脚下的山泉村

比马郡高级法院 (1974)
风格：现代派

图森市政大厅
风格：野兽派

比马郡法院 (1929)
风格：西班牙殖民复兴

开拓者庭院，墙画纪念了开发这片土地的西班牙，墨西哥和美国人。

La Casa Cordova(1848 年)

当时典型的墨西哥小镇住宅

单层，土坯，平顶，中心庭院，直接在街道上开门。

地处沙漠河谷的图森干燥少雨，日照充足。不经烧培的泥坯，在强烈的阳光下晒干成泥砖，构筑成当地的特色建筑，其中以市中心保留至今的古老泥砖庭院最为有名。

图森早先是印第安人的居住地，17世纪末西班牙传教士开始在此建立教会组织。

Steinfeld Mansion (1898)

Trost & Trost

Cheyney House (1905)

西班牙教会复兴风格

(Mission Revival Style)

(1890~1915)

Corbett House(1907)

第一批有冰箱的房子

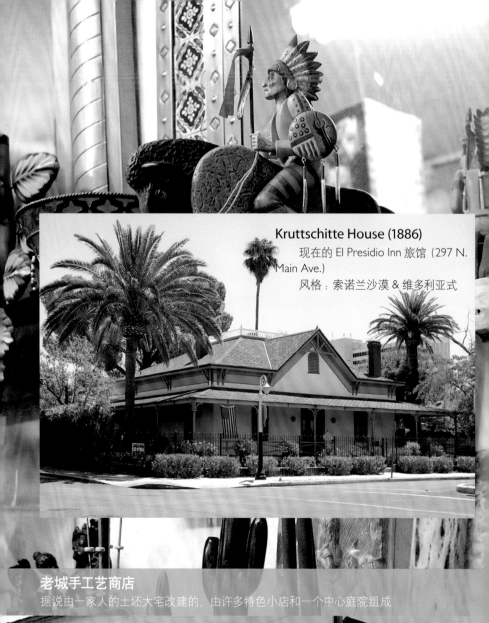

Kruttschitte House (1886)

现在的 El Presidio Inn 旅馆（297 N. Main Ave.）

风格：索诺兰沙漠 & 维多利亚式

老城手工艺商店

据说由一家人的土坯大宅改建的，由许多特色小店和一个中心庭院组成

明亮的阳光，饱和的色彩，粗犷的泥土，异域的风情，孕育着充满想象力的原创艺术。

现代化的图森艺术馆

Day 29　赖特的冬宫　西塔艾里森　行程 420 英里

8月13日

菲尼克斯又名凤凰城，是一个很吉祥的别称。由于时间的关系，在凤凰城旅行只能选1个景点了，昨天与表弟联系，今天晚到洛杉矶尔湾，开车估计7小时，所以上午10点多决定去看赖特西塔艾里森于——1937年在此修建的冬季工作室，也是他办的学校及他92岁终老的地方。这里气候炎热，赖特有半年（冬季）在此工作，这里至今是1所学校和1间设计工作室所在地。参观门票24美元，学生票20美元，在导游带领下约一个半小时参观时间。与参观流水别墅相似，参观时间上间隔排列，必须每半小时的分批进入，保持前后秩序井然。我们参加12：30时的导游团，9人编成一组，在导游讲解中参观了整个工作室建筑及赖特居住的地方。

西塔艾里森的正面外观，设计风格试图与周围的沙漠风景融为一体。除了有赖特推崇的充分利用本土沙石材料外，与自然的和谐是他追求表现的永恒主题。房子建于低洼处主要防荒原山地的风，建筑顶部设计大面积玻璃天窗是增加日照取暖并带给工作室充分照度的需求，有节奏韵律的建筑外观细节上多突出三角形体以体现与山的一致。赖特说：他永远不会把房子建在山顶上，就是说不去破坏自然形态。参观中室内不让拍照，有许多室内设计包括家具都与建筑相映生辉，控制不了对赖特作品的喜爱我还是多拍了些照片。设计中很多细节处处都看到赖特的用心，据说工作室建好后，州政府在前面荒原上架起一排高压线塔，赖特很生气为此与州政府打官司，结果应该是政府工程难以变更，为此赖特把建筑面对高压线这一面的窗子都抬高了一些，这样就避免看到坡地下的高压线，倒是做到眼不见心不烦。在赖特设计的建筑作品中流水别墅在世界优秀建筑的排名中排第1，西塔艾里森排20名。

晚上9点多赶到加州洛杉矶的尔湾，我表弟住家的地方。几天前我们就联系过要途经加州，表弟家早就期盼我们的到来，欣然相见大家格外兴奋，晚餐后叙谈了来美国的经历，送给表弟上小学的儿子1个我们特地从西塔艾里森买来的赖特建筑的乐高模型。我虽然劳顿了一天，大家还是聊到很晚。

THE REALITY OF THE
BUILDING DOES NOT CONSIST
ROOF AND WALLS BUT IN
SPACE WITHIN TO BE LIVED

校训

凿户牖以为室，当其无，有室之用——老子
(The reality of the building does not consist in roof and walls but in the space within to be lived in——Laotse)

这是赖特铭刻在工作室墙上中国老子的一段话。
老子的这段话译成英文，未必能准确体现出其深刻的哲学观点，但可见赖特对老子的思想是推崇的，其多少与中国古代哲学中寻找共识定是必然。

Day 30 尔湾、尔湾 行程 80 英里

8月14日

洛杉矶东南的尔湾，是由名建筑师 William Prira 精心规划出的梦想城市，城市绿树成荫环境优美，拥有极佳的生活环境及学区，尔湾人口中将近 30% 的居民为亚裔，尔湾年年都名列为全美最安全的都市之一。在美国好区的标准就是学区好、治安好、居民教育程度和收入都比较高，尔湾就是这样的地方。早上我们去中国餐厅吃早茶，我们运气好来得巧，一到餐厅就得以坐下，再晚点看见门口就排起了等座的长队。在这里用餐我看所做食物与国内无异，正宗的广东风味，做的或许还更讲究一些，这与此地有钱的华人较多有关。同时，我看许多本土美国人也是很喜欢光顾中国餐厅的，比起美国通常所见那些单调的快餐食品，中餐的多样性就显现出诱人魅力。

中午华宁开车去洛杉矶见同学，明天中午再回来接我去美国老师的家中做客，下午 3 点，表弟带我去离住地不远的海边看看，这边属大西洋，一些悬崖与沙滩相接的沿海岸山地上建了不少住宅，有些还建在山顶。很多属豪宅，看得出有钱人不少。

洛杉矶是美国第 2 大城市，人口最稠密的地方，是一座风景秀丽、繁华璀璨的海滨城市。城市规划的特点是摊大饼式，城市路网方格状扩散开了。由于城市的不断扩展，这给出行带来极大不便。

洛杉矶海滩商业气氛浓厚。海滩上挤满了运动的人群。我们特意参观了海滩旁 1 条艺术街区，街头停泊许多豪车，有个性的老爷车也时有见。画廊、小商店与餐厅咖啡厅及酒店相连，形成很好步行街区旅游地，今天时逢周六假日，到海边度假人多，堵车费去很多时间。

晚上回到表弟家喝鸡汤，吃了不少青菜，在美国人基本不炒菜，通常吃蔬菜沙拉，相对在国内的我们，吃蔬菜在量上少了许多，而且蔬菜品种单一，虽有华人超市，但蔬菜这东西毕竟不易保存与长途运输，如果豆腐盘成肉价钱那就不划算了，倒是一些国内常见的调料酱品华人超市都有。晚上与华宁通话约定明天计划。

8月15日

周日在表弟家吃完中餐后，他带我去他做博士后的加州洛杉矶分校简称UCLA校园看了一下，UCLA是美国最顶尖的公立大学。是美国商业金融、高科技产业、电影戏剧、艺术与建筑等专业人才的摇篮，是全美培养尖端人才领域最广的大学。校园面积1.7平方公里，里面共有163个建筑。我们停车在这公园般的校园走了走，特别是北校区，原校园中心建筑以意大利文艺复兴时代建筑闻名，四座意大利罗马式红砖建筑组成罗伊斯四边形建筑，是校园内最古老的建筑，所有的建筑都覆盖着进口的意大利砖头。其中的包威尔图书馆建筑立面造型宏伟气魄，尺度空间很震撼人。中心是橡树环绕的迪克森广场，整个区城的视觉空间延伸到台地下很远的地方，一直保持有节奏韵律的秩序感。

接着又去附近洛杉矶405号州际高速公路旁的盖蒂艺术中心CUIDE，中心归盖蒂家族基金会所有，创立者是曾经位居美国首富拥有33亿美元资产的石油巨子J保罗·盖蒂，是洛杉矶最重要的艺术机构之一。参观免费但下面停车场是收费8美元的，可免费乘坐艺术中心的小轨道电车上下山，也有步行道路可通行。

这个私人艺术中心，建在圣莫尼卡山脉上，建筑用简洁线条与白色基调，是现代建筑白色派的代表作。建筑体块由几何与曲线组合造型，整个建筑是由著名建筑师理查德·迈耶规划设计，迈耶以其对现代主义建筑的贡献而闻名于世。艺术中心由6座建筑组成并有大规模的园林和600英亩自然状态的原野。当初投资10亿美元建造的这个艺术中心（不包括藏品价值），是世界最为富有的艺术机构之一。馆藏丰富，有5万件以上的各个艺术时期的珍贵收藏，涵盖面广且藏品价质高，许多世界名画收藏其中，如：法国19世纪绘画巴比松画派米勒《扶锄的男人》、印象派莫奈的《日出》及基金会1987年以5390万美元的天价拍得凡·高的《鸢尾花》等，除观赏到这些精美的艺术精品，从美术馆延伸出的观景露台上，可放眼看到整个洛杉矶至太平洋，眼下的绿色园林拥簇的这组建筑十分协调，这种交融似我们中国古人讲究追寻的“天人合一”的境界。我一直抓紧参观了不少藏品直至闭馆时间。

接近下午6点，才下山与华宁碰头，表弟先回家，我们去华宁老师的家中，建筑老师的家必定十分有个性，这是一个扩建过的住宅，是请著名建筑师弗兰克·盖理（他是至赖特以来美国建筑界最重要的人才）帮忙设计个人住宅。尤其是后面扩建的部分，建筑造型顶部有帆船缆索结构连接，象征帆船之意。室内空间有许多通透隔断分割，卧室部分三面有长方形横窗，视野开阔，虽然盖里有古根海姆博物馆这类成名大作，但在这难得一见给朋友帮忙的小住宅改建中，更体现他对以人为本的理念释意，其人性化的细微设计使我有更切身的体验，征得主人同意在各个房间拍了不少照片。华宁老师现正热衷于学习中国书法，我持笔写了一幅李白“朝辞白帝彩云间…”的诗，好久未写书法难免生疏，主人则表示十分喜欢。主人为我们的到来精心准备晚餐，老师让其漂亮侄女过来帮忙烹调的。进餐时关掉电灯，点亮蜡烛轻放音乐，营造出温馨的气氛。有芹菜沙拉、面包、每人一大块烤鳕鱼，配以红葡萄酒，味道极佳。餐后还有精美甜点，吃的我们“酒足饭饱”。在这热情、浪漫、轻松的气氛下，时间过得很快，直至夜深才辞别离去，回到尔湾的表弟家已是深夜12点多了。

加州大学洛杉矶分校

入口马约尔的雕塑
镇馆之宝鸢尾花 / 凡·高
从艺术中心鸟瞰洛杉矶

观景平台

中心水景观

威尼斯街区建筑师盖里的手笔

8月16日

表弟尽地主之谊为我们准备了2张海洋世界参观券，盛情难却的我们上午10点赶往圣迭戈海洋世界，这是世界上最大的水族馆之一。超大的停车场，由于来玩的人很多，我们到晚了只能停在很远的车位。门票2天有效，也就是说能连续游玩2天，可我们只能玩今天这大半天，选择性玩一下，十分可惜。据闻海洋世界自1964年开业以来，已经接待了超过1亿3千多万名游客。

海洋世界有包括鲨鱼馆、海水水族馆、淡水水族馆、海洋世界水族馆等4个水族馆。这次首先玩了类似过山车木船冲浪，升上高塔上顺滑道往下面水池直冲下来十分刺激，但心脏压力很大。后又去动感影院模拟北极乘直升机上天入水，在动感十足乘坐空间加上声光电及视频气氛营造下，让大家切身体验了一把。

在水族馆"海底隧道"内，巨大的鲨鱼和千奇百怪的海鱼在游客们的身旁和头顶游来游去，也看到北极熊展区，模拟极地气候冰天雪地仿真寒冷得很。再看了一些鱼类企鹅等许多海洋生物及海鸟，另有海狮表演，海豚表演，这些海洋动物灵性十足，几乎完美的配合训练员完成表演的每1招式，表演场主持人幽默生动的组织观众参与互动，滑稽的动作让表演屡现高潮。在巨大的海豚表演池，海豚会调皮的有意沿台前边沿打水，将溅起的巨大水花洒到前十几排观众身上，引起的躁动让大家欢乐不已。3点多在园内快餐店吃到美味烤肉快餐，饭后又观看火烈鸟，对我们来说这是十分新奇的鸟类，长脖子可以不可想象奇特的弯曲，鸟体肉红的颜色感觉是在裸体。

最后在离开前赶去参观虎鲸也称杀人鲸、逆戟鲸，虽然名字听来令人心寒呈恐惧感，实则这种体型巨大，色彩黑白相间，游姿体态优雅的鲸鱼其实属于海豚科，是海豚科体型最大的一类，十分美观漂亮，据称全美只有这里是唯一还保留此表演。以体重超过两吨的巨大杀人鲸和它的子孙的表演最具特色。

从海洋世界出来后已是晚上6点多，赶去参观在圣地亚哥的美国现代建筑师路易斯·康设计的一个生物研究所，由于时间关系已不能入内参观了，我们环整个建筑全方位观赏一番，建筑由多层地面建筑，与部分地下伏土建筑形成一体，建筑正立面显得很单纯简约，侧立面巧妙做成外观3层内部结构实则4层，还有很实用的地下层空间，由方形下沉竖井采光。

生物研究所建筑后面设计为叠水景观，有宽敞的休闲空间，几何块造型组群的座橙是建筑师常用的造型，这个建筑规模与体量的设计，路易斯·康已做得很成熟。

极地馆

海狮表演

圣迭戈的海洋世界海豚表演池

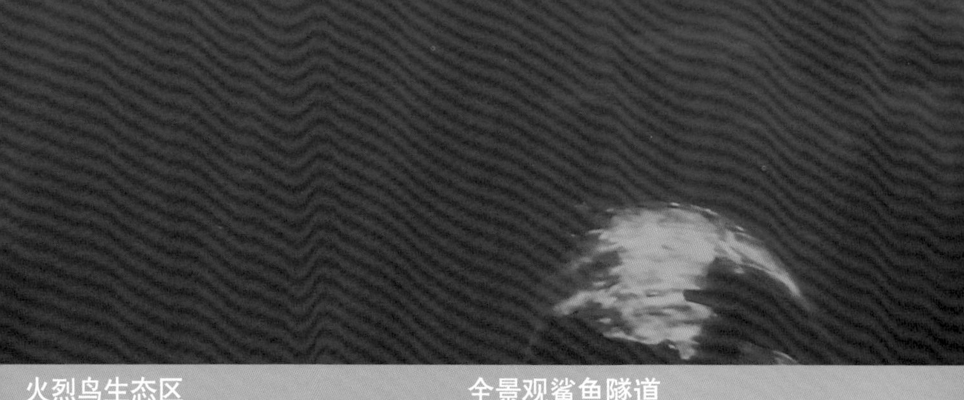

火烈鸟生态区

全景观鲨鱼隧道

Salk Institute/ 路易斯 · 康

美国现代建筑师，被誉为建筑界的"诗哲"，他的建筑作品通常是在质朴中呈现出永恒的典雅，他在设计中成功地运用光线的变化，是建筑设计中光影运用的开拓者。

Day 33 “罪恶之城”拉斯韦加斯 行程 279 英里

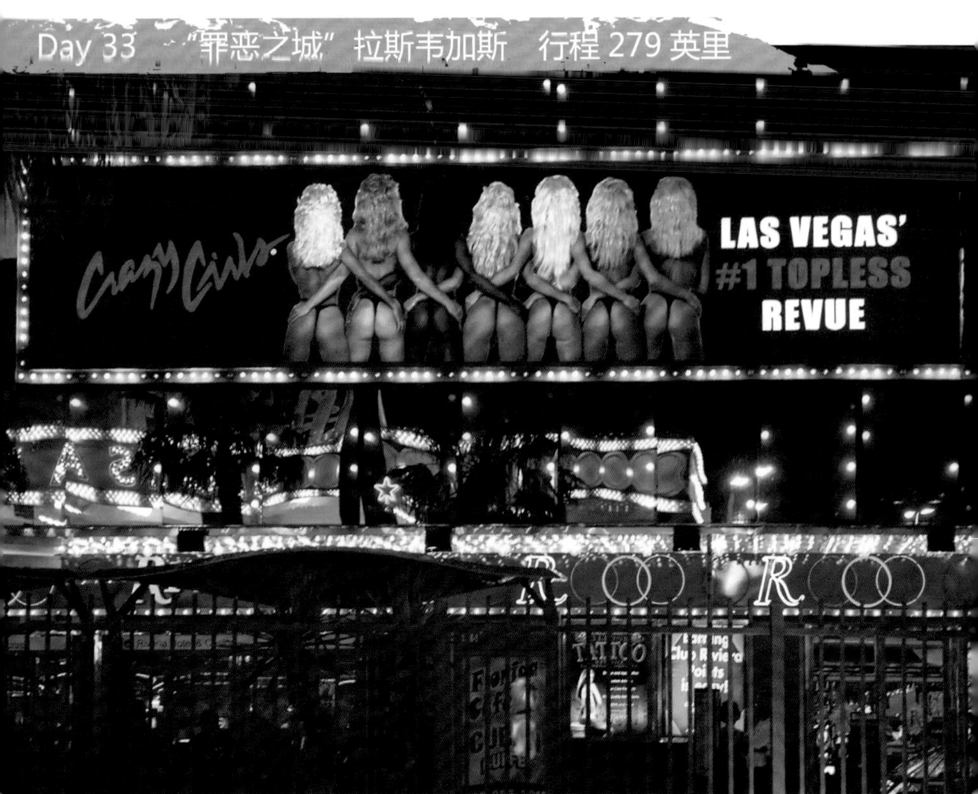

8 月 17 日

9 点早餐，本来按计划饭后就出发离开洛杉矶，结果整理行装，华宁给美国老师写一封电子邮件对昨天她热情款待表示感谢，并附 3 张我们在她家一起合影的照片。一直整理到快午后 1 点。午餐后，表弟媳给我们准备一些茶叶蛋另拿了点蔬菜带上，快 2 点才启程。

计划 466 公里距离，约 4 个多小时车程，可到拉斯韦加斯。

途中遇到一个公路收费站，收费员是位上了年龄的老人，当他找给我们零钱时对我们说，“这种 1 美元的纸币很不好，老是粘在一起不好数，你们看对不对。”真是逗人！在美国我们一路遇到许多工作中老人，那种认真、泰然处之的工作状态，让人有种莫名的感叹。

途中突遇暴雨，时间很短暂，雨后路边突然出现漂亮的彩虹，不是 1 道而是 2 道彩虹叠在一起，只有在这开阔之地的这种视野，才更感其壮观与艳丽。

计算着已接近拉斯韦加斯时，我们想象应该像一些读物描述的那样，在一片荒原上一个拐弯眼前突然显现出这座繁华的赌城来。可现在随着眼前不断闪现的，是一些在路旁树立巨大广告牌的大酒店小赌城。由于出现这些序幕的干扰，当拉斯韦加斯真正进入视线时，缺少了突显的惊讶心境了。

来到赌城，真的站在黄昏色彩映衬下拉斯韦加斯大道旁，建筑的奢华与一种豪气还是刺激了大家的肾上腺素，立刻让人血气上涌激动起来，这才是赌城的魅力所在。我们说古代宫殿建筑是用以壮威，在这里设计师们懂得让建筑所给人以感受荣华与富贵的特定情绪，各个赌场的设计金碧辉煌，以地域为主题的酒店、赌场、乐园建筑物吸引着游客，营造了这座世界娱乐之都。

我们住马戏团赌场大酒店 24 美元 / 天异常便宜，这是种招揽游客的营销策略。酒店大堂有着宽敞的室内空间，超长的接待处很多柜台同时接待客人效率极高，很快安排好每位房间，我们住 16 楼可一览赌城景色。这里停车免费，住这种豪华酒店对酒店来说几乎是零利润，为吸引游客来赌城消费才是最终目的，赌场赌博的玩法五花八门，赌场内由小赌怡情到一掷千金的赌客都有。所以有钱与钱少的人都愿到此娱乐。安顿下来后，在酒店到处看看，迷宫一样的通道让眼前不断出现酒吧、小商场，更多的是到处都是吃角子老虎机场或赌桌，让你随时可小赌一把。以前，我们已经去过马来西亚的云顶赌场、韩国的华克山庄赌场、南非的太阳城赌场，真正让我感到震惊的是，酒店后面附属建筑，一个巨大的紫色半圆穹顶天棚内，是一室内儿童游乐场。包括高架上环绕的过山车在内的各种儿童娱乐设施齐全，伴随着过山车开动，传来阵阵儿童们欢乐的尖叫声，让我疑惑，这是在赌城吗？难怪称之为马戏团酒店，还有更吸引人的马戏表演，带孩子的游客肯定会首选这家酒店，一家人集游乐、购物、赌博可各取所需，其乐融融。有统计，每年来拉斯韦加斯旅游的旅客中，来购物和享受美食的占了大多数，专程来赌博的只占少数，这正是这个城市走向成熟的表现。

从酒店出来，抬头可见不远处 350m 高的斯特拉特斯菲尔塔，顺门口是拉斯韦加斯最繁华的林荫大道，被誉为"思醉普街"，全长有 6.5km 长街，一直往前走，在时尚购物中心可见把目不暇接的电子广告，把现代多媒体影像技术的演绎到极限，远不是早期霓虹灯所能及。走到巴黎宾馆埃菲尔铁塔处已很累了，前面还有米高梅电影公司，有自由女神像纽约宾馆、金字塔宾馆等雄伟模型的景观与大厦。今晚肯定走不到而决定折回，途经巴黎饭店、金银岛、恺撒宫、帝王宫等酒店的建筑。以巴黎凯旋门、埃菲尔铁塔、众神雕像、古代豪华帆船等为造型，争奇斗艳，突显各自特色。尤其是在威尼斯宾馆，见到室内人工河流弯转穿行其间，一派威尼斯小桥流水人家般的景色，沿河岸是众多名品小店，餐饮酒吧、咖啡店分布小广场，室内彩绘的天空下的露天广场，已忘记这一切都是室内的人工造景。

午夜时分还是人声鼎沸，沿长街大道继续欣赏赌城夜景及各酒店的免费表演，如金殿大酒店的水上火山表演，15 分钟 1 次，美丽湖酒店的音乐喷泉秀等。还可观赏到烟花表演。

赌城通常被认为是"罪恶之地"，没想到治安出奇的好。虽到处可见豪车美女，内华达州是美国唯一法律允许性交易的州，但唯独这里性交易是禁止的，禁止 21 岁以下人士赌博，任何 21 岁以下的人士进入赌场必须有成年人陪伴，禁止卖酒精饮品给 21 岁以下的人士；禁止 18 周岁以下的青少年在周末或节假日晚上 21 点后在拉斯韦加斯大道上停留，除非有父母陪伴。

亲眼所见几个美国女孩恐怕是喝多了酒，在马路上超速开车朝车窗外喊粗话，马上几部警车呼啸而至，过一会待我们走到前面，见刚才车上的女孩们，已被警察控制，1 个个双手铐在背后，沮丧的蹲在地上等待一会儿押送去警局。

赌城赌场是 24 小时营业，终年无休。在拉斯韦加斯大道上，我一路上经过所有酒店、商场、名种中心及店面，哪怕没生意，也全部 24 小时开着门，我们随意进进出出，主要欣赏那些精美的装饰，不知不觉凌晨 3 点多才回到酒店休息。

T
Encore

拉斯韦加斯是内华达州沙漠中一块绿洲，除市中心拉斯韦加斯大道上赌博及娱乐的各种诱惑外，那令人眼花缭乱的酒店、购物中心、博物馆的奇特建筑景观，也令人们流连忘返。而且，城市周边地区的峡谷、山脉、沙漠和公园更是值得一览的好去处。

RIVIERA
VERSAILLES THEATRE
KRISTOFER'S
Encore
CASINO
MANILOW

1	2	3
4	5	6
7	8	9
10	11	12

1. 金字塔宾馆
2. 里维埃酒店与永利酒店
3. 酒店赌场
4. 威尼斯宾馆
5. 恺撒宫内部豪华购物中心
6. 华丽的天顶画装饰
7. 拉斯韦加斯大道
8. 恺撒宫大酒店
9. 威尼斯宾馆内仿照运河穿过的购物区
10. 巴黎宾馆门前 1/2 大小仿照艾菲尔铁塔的复制品
11. 纸醉金迷的赌城
12. 马戏团大酒店室内儿童游乐场

Hoover Dam
Tours
IT IS FITTING THAT THE FLAG
OF OUR COUNTRY SHOULD FLY
HERE IN HONOR OF THOSE MEN
WHO, INSPIRED BY A VISION OF
LONELY LANDS MADE FRUITFUL,
CONCEIVED THIS GREAT WORK
AND OF THOSE OTHERS WHOSE
GENIUS AND LABOR MADE THAT
VISION A REALITY
CALIFORNIA

8月18日

上午处理了下邮件，11点退房后，因昨晚时间匆忙，我又去将酒店的儿童游乐场补拍了一些照片，在赌场的这个儿童乐园，孩子们在里面玩得不亦乐乎，这是我很欣赏的1个设计手笔，而这期间是否也告诉我们1个经营理念：要取财有道。

开车沿着昨天步行走过的那条贯穿拉斯韦加斯的大道，从车上继续观赏昨天没看到的一些赌城酒店与主题景观。这次我们来赌城全神贯注的投入感受和拍摄建筑景观及华丽的室内装饰，连小试牛刀的博彩时间都没有，这应算不上真正到拉斯韦加斯了，也与拉斯韦加斯欢迎我们到此的意愿相违，那就下次再来吧！

下午1点出赌城，开车往大峡谷国家公园进发，向东南方向行驶了40km，途经一个重要景点，跨内华达与亚利桑那州的胡佛水库。

这个一听名字就知道是胡佛总统当政那个年代修建的水库。但水库并未塑造胡佛总统雕像，而是建坝首席工程师是法兰克·高尔（Frank Crowe）的铜浮雕像镶嵌在显著位置，可彰显出拓荒者与建设者的地位。

胡佛大坝截断科罗拉多河，建在荒无人烟的山上，形成密德湖。在那个时代是史无前例的水坝，也是当年最大的水坝，至今仍然是世界知名的建筑，已被定为美国国家历史名胜和国家土木工程历史名胜，1994年，美国土木工程学会把它列为美国七大现代土木工程奇迹之一。参观水库大坝有趣的是：一道之隔的内华达州这边停车7美元，亚利桑那边免费，知道内情的当然都停亚利桑那州了。我们事前做过调研当然也不会花那7美元冤枉钱。两州之间有1小时的时差，故水坝两端各置1时钟方便各州游客对时。还有趣的1点是我们看到大坝的栏板上除标有警示注意安全的小警示牌外，还有一小块标牌提示“举报可疑分子”，这是所见中最有特色的标识了。

继续往大峡谷地区，由于位于美国西部亚利桑那州凯巴布高原，接近峡谷地区，风光变幻莫测，气象万千，天气时而骄阳直射，时而风雨大作，变幻无常，好在雨后彩虹却使光之七彩全部到位。此行一路上加油站间隔逐渐拉大，加油站数量相应也减少，因有前车之鉴，所以进峡谷前定要加满油。沿着大坝方向抵达Kiligman小镇，在镇上加油，据说是到大峡谷国家公园前的最后1个加油站。位于亚利桑那州Kingman和Seligman2个小镇之间的公路，是目前保留得最完好、最长的1段公路，全程约110km。

傍晚到了大峡谷景区，门票价格：每车20美元/7日，每人10美元/7日。15岁及以下儿童免费。每车的概念是车上无论坐几个人按车收费。我们买了一张80美元全美的国家地质公园通用年票，每车使用1年有效期，算算下面我们要去黄石等好几个国家公园，这样已很合算了。

进入公园内天色已暗，到营地管理园时已下班，同时营地宿营位已满，我们这时已去不了别处，就将车停在营地办公室门口，在车里睡了一夜，公园晚上很凉，各自穿上了毛衣，厚外套，再盖上睡袋，虽有点冷，但没睡多久很快天就亮了。天亮在营地门口不便久留，洗漱后我们开车直接去了景点。

电站发电足够附近
150 万人使用 1 年

混凝土拱坝坝体

工程师铭牌

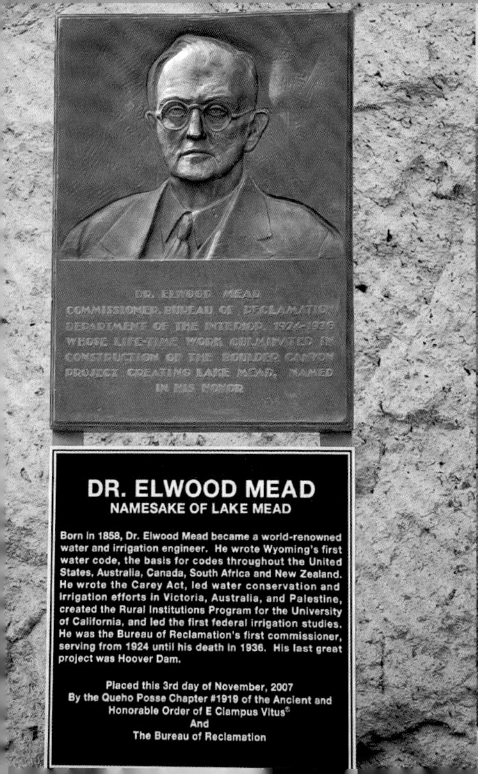

DR. ELWOOD MEAD
COMMISSIONER, BUREAU OF RECLAMATION
DEPARTMENT OF THE INTERIOR, 1924-1936
WHOSE LIFE-TIME WORK CULMINATED IN
CONSTRUCTION OF THE BOULDER CANYON
PROJECT CREATING LAKE MEAD, NAMED
IN HIS HONOR
DR. ELWOOD MEAD
NAMESAKE OF LAKE MEAD
Born in 1858, Dr. Elwood Mead became a world-renowned water and irrigation engineer. He wrote Wyoming's first water code, the basis for codes throughout the United States, Australia, Canada, South Africa and New Zealand. He wrote the Carey Act, led water conservation and irrigation efforts in Victoria, Australia, and Palestine, created the Rural Institutions Program for the University of California, and led the first federal irrigation studies. He was the Bureau of Reclamation's first commissioner, serving from 1924 until his death in 1936. His last great project was Hoover Dam.
Placed this 3rd day of November, 2007
By the Queho Posse Chapter #1919 of the Ancient and Honorable Order of E Clampus Vitus®
And
The Bureau of Reclamation

大坝纪念碑

8月19日

晨7点多，突然眼前展现一片真正意义上的大峡谷。我原设想的是进入峡谷由下往上观赏峡谷的壮观景色，所以老问华宁到了大峡谷没有，没想到大峡谷此刻就在视平线以下，我们的脚下，我们一直在高地平原上开车，猛然展现在眼下这开阔红色峡谷景观让人震撼，尤其到此似乎耳中鸣响起尼古拉斯·冈恩的《大峡谷》那低沉而悠扬的乐章。在那种轰鸣声中正是表现出大峡谷的空旷与磅礴之气，真的令人很兴奋。8点钟到达峡谷的景点信息中心，中心图文并茂的介绍展示景区地质状态。这里正是整个景区南缘部分的最好起点。我们就从这里开始欣赏国家公园。

大峡谷南缘沿峡谷边缘延伸96.5km，全年开放。大峡谷又称"科罗拉多大峡谷"。它大体呈东西走向，全长350km，平均谷深1600m。峡谷顶宽6～30km，峡谷往下收缩成V字形，科罗拉多河从谷底流过，峡谷的奇特景色，浩瀚气魄，举世无双是世界奇景之一。大峡谷在1979年纳入联合国教科文组织的世界遗产名单。

在圆木构架结构的景点介绍站，室内朝峡谷一面设计有一个宽幅长条形观景窗，透过窗框活现出一幅大峡谷的全景画，其地貌变化的奇幻宏伟美不胜收。此路段3-11月是不对私家车开放的，随后我们坐景区大巴，依次按站点下去观赏，景区免费巴士按观光线路循环运行，15分钟1班，可随时上下各景点。司机除开车还兼导游责任，随时介绍站点的景观、游线道路及注意事项。不能不说这种人性化的服务，使得老人，残疾人都能很方便的游览。这一整天我们陆续游览了南缘部分最有价值的大峡谷景区，饱览峡谷裸露的地层断面，这些几十亿年前的古老花岗岩、片麻岩与近期各个时代的岩层，节理清晰，层层叠叠，缘山起落，循谷延伸。

由于大峡谷广阔无垠，很难能一览全貌，据说要想在谷底的科罗拉多河漂流，现在申请已要按序排队，都已安排在好几年后了。中午到大峡谷镇，这里已是大峡谷主要接待游客住宿餐饮的服务区之一了，有不少设计完美、外观迷人的房屋。在最著名的埃尔托瓦宾馆附近，有座印第安人红色土砖结构和普韦布洛风格、土木结构样式的霍皮古屋。资料显示这座建筑是1905年由霍皮族工匠建造，由当过教师的设计师玛丽·科尔特设计的，设计时，她借鉴了西南部建筑样式，并将土著美洲风格与西班牙风格融合在一起。室内是印第安传统的手工艺品作为纪念品出售商店。在此我们选了几件小纪念品，其中有1个印第安人手工编织的小小"捕梦网"，就是用皮绳编织一个圆网，下面吊着串珠与几根羽毛，据说挂在床头晚上可捕去掉你头脑中的噩梦。这挂在车上是很好的装饰，同时，也可随时捕去头脑中的烦恼。

下午我们又赶到东线，经过沙漠景观区，Mohave Point（摩哈夫观景点）是一个观赏夕阳的好地方，并且从这里可以清楚地看到峡谷底部奔流的科罗拉多河，站在这里突出的险峻岩崖上，夕阳斜照时，山山水水尽染成红色和橘色。大家静静地守候并目送着红日一点、一点的沉没下去。瞬间，天空笼罩着大地，由红彤彤转为黄灿灿直至紫光一片，消失于锭蓝色的夜幕中。

晚上我们在这边景区宿营地找到位置，12美元/天，旅游旺季露营地通常需要提前网上预定，今天能找到空位已是幸事。虑其大峡谷公园野生动物很多，选择营地内圈的33号位会更安全些。搭起帐篷后，我们煮了从洛杉矶带来的青扁豆与上海青小白菜，2人还下了辛拉面饱餐了一顿。因高原气候昼夜温差大，晚上睡得很冷，挤在一起凑合了一夜。

大峡谷南缘景区介绍站

大峡谷镇的霍皮古屋

瞭望石塔

观景点 / 埃尔托瓦旅馆

8月20日

周五，一早打点行装，Desert View 有个观景建筑，1~5 层展示厅以介绍印第安文化为主。我们就还去东头的碉堡式的瞭望石塔，站在塔顶向下俯瞰可饱览壮观峡谷景色，环视左右就是一副巨大的大峡谷全景画。

计划今天去到亚利桑那州的小城佩奇，游览壮美的鲍威尔湖国家娱乐区，魔幻的羚羊谷和惊心动魄的马蹄湾。尤其羚羊谷是世界上著名的狭缝型峡谷之一，其诡异的形状是柔软的砂岩经过百万年的各种侵蚀力形成谷壁上的坚硬光滑，有如同流水般的边缘，峡谷红色沙岩光照下变幻莫测。已被列为地球上十大最奇特地貌之一。

从大峡谷出来沿 89 号公路向北开，开车 2 个多小时到与犹他州交界的佩奇镇，赶到羚羊谷景区下午 2 点多钟，由于这一带是印第安人保护区，所以这里的公园都归印第安的一个部族纳瓦族（Navajo）所拥有非国家的公园。要进入羚羊谷，需跟随印第安人组织的团队，任何个人不能擅自闯入。刚好下午 3 点有一班团队到此，我们顺利加入（门票 6 美元 / 人，参团 25 美元 / 人，我们两人共 62 美元），我们一行 8~9 人，随车司机也兼导游的是个印第安的小伙子。乘沙地卡车在泥泞的河床上向前冲行，如不抓紧车栏杆肯定会掉下去，颠簸约十几分钟后，猛然在一个突起红色山丘前停下来，疑惑中我们猛见山石中隐藏一条狭缝，十分奇特。

导游吹奏竖笛引大家入内，羚羊谷这道被洪水冲刷出的一条窄缝，最窄的地方仅容一人走过，峡谷总长约 400 多米，谷顶两侧的距离很窄，但由谷顶到谷底的垂直距离却高达十数米。只见光线从顶部的狭缝中倾泻下来，岩石变成火红色似燃烧的火焰，岩层扭曲翻腾，如同抽象画派的杰作，引人遐想。我们在行进中，不断见到头顶上部岩缝中有细微天光洒下，蜿蜒曲折变幻无穷如行迷宫。

导游就是这块土地的印第安纳瓦族的族人之一，从小在这里长大，熟习这里的一切，他不时用笛声呼唤大家，细心指导我们看每一处弯转及选取合适的照相角度，时不时从地上捧起一把红沙放在岩层间，让其在光线的照射下闪闪烁烁的飘然而下，形成了一道道奇幻的图案，让人惊叹不已。他还将抽象红沙岩用具像的比喻成某种形态，引导大家的想象力。平躺在地上，在他引导下拍出照片倒确实独特，可惜错过正午参观最佳光线时间段。那时的光可从仅有的几处地段，以直线穿入谷底的缝隙中洒落下来，阳光竟清晰可见地变成了一束光柱。比较遗憾今天是拍不到了。

整个游览 1 个半小时，我在大峡谷没可能下到谷底，只能从上往下看稍显不足，今天总算如愿从谷底往上看峡谷了，没想见到是这样独特的地貌景观，真是不虚此行呀。

晚上吃肯德基，平时很注意不吃这种垃圾食品，太油腻但这两天肚子没油水得补充一下，在美国吃肯德基与麦当劳与国内不同，点饮料后是给你一空杯可自选饮品尽饱喝，临了还可带上满杯走。此地还有一景区鲍威湖国家娱乐区，是继胡佛大坝所在德湖 Mead Lake 的美国境内第 2 大人工湖，水碧蓝。我们到时太晚，游览区已关闭，不然我们可到湖边的营地宿营。

我们在游览区的戈伦峡谷大坝处拍了一些照片，找住处费了好多时间。小镇房价都 70 ~ 80 美元 / 天，价格很贵而且酒店条件很一般，连汽车旅馆都要 50 ~ 60 美元 / 天。好在我们找到公路旁宿营地 19 美元 / 天，属 AAA 俱乐部指定营地，会员可打折 16 美元，条件很不错，而且这里到了晚上很凉爽。

在营地安顿下来，赶紧把这几天拍的照片拷到电脑及移动硬盘里，照相机、手机电池也都要充电，在大峡谷几天没洗澡也要赶快清洗一下，不然就酸臭了。这时旁边一股烤肉香味引起我们的食欲，原来是紧靠我们营地位置的，隔壁的独行侠法国先生在烹制美食。与这位法国先生用英语交流后，他告诉我们他每年都会来美国旅行，每次到美国后首先买辆便宜的二手车，选好 1 段旅程后就开始自驾游，待整个旅游行程结束时再卖掉这辆车，运气好的话可卖出比他买时高些的价格。但最主要是他这种随意的方式很自由，不慌不忙且随遇而安，玩的是一个心境。晚上给国内家人打电话，这几天在大峡谷信号不好，已 2 天没用电话报平安了，现在快深夜 12 点，明天去看马蹄湾景点。

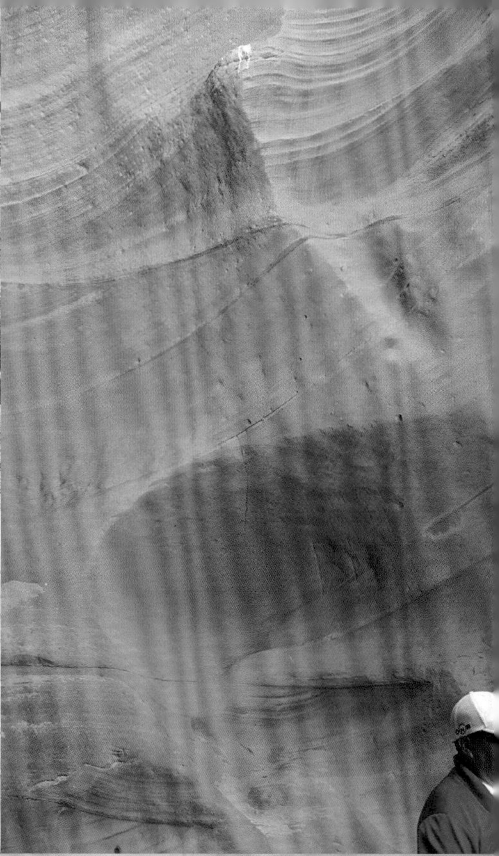

乘坐经过改装性能卓越的沙地越野车前往鬼斧神工的梦幻之谷。

格伦峡谷国家旅游度假区

鲍威尔湖（Lake Powel

格伦峡谷大桥

格伦峡谷拱坝 (Glen Canyon Dam)

大坝游客中心

Day 37 大红岩 行程 328 英里

8 月 21 日

周六，在营地起床洗漱后，简单吃了点东西，未做收捡想趁早先赶去看景点，在请教同住营地的法国邻居，得知如何开车去马蹄湾后，原来很近，行车约十几分钟路程就开到了。在景点前停车场停车后，要登上山坡后，步行走 3~4km 沙地才到达目的地。

马蹄湾地形的确很特别，峡谷中一湾河水呈 90° 环绕突起山崖。如同见到国内长江第一湾微缩版，不同的这是一个平视向下观看峡谷内的景观，就是马蹄形状，称马蹄湾是非常形象的名称了。水特别清，山体在阳光照射下呈曙红色。稍不足的是此刻光线，斜射下使中间马蹄山崖形成上下两段不协调的明暗，在日出或日落时估计是最佳拍照时间了。还有不足的是普通镜头这么近不可能拍下这样一个弧形湾，只有超广角的鱼眼镜头才可能胜任。我只有多拍几张回去拼接了。另外，这里山崖上可观赏的位置全都很危险，无任何栏杆扶手等安全保护措施，属于全天然景点。观景只有爬在岩壁上往下才能看到全貌，所以得十分注意才行，我不时在华宁后面拉着她两条腿，才能让其安全的拍照。

回到营地已不早了，吃点东西赶紧收拾行装，这时邻居法国先生还躺在躺椅上喝咖啡、听音乐，估计他今天哪也不会出去了，真是浪漫的法国人。

我们临走前又洗了个澡，想着今天又不会住旅店，中午 12 点我们出发，途中经过并参观了由 3 个印第安人管理的小科罗拉多峡谷，收费 2 美元，这次很亲近地见到了一小峡谷，能更近距离观赏，的确能更直观了解岩石层的结构状态，但远没有大峡谷的那种气势感人。这里有一排印第安人卖小饰品的小摊子，有角雕、项链、耳环等，华宁买了 3 个小手链子，印第安人手工制作的，很便宜共 8 美元。

下午走 163 号公路，这是一条寂寞公路，沙土盆地比较贫瘠，少了绿色对比，色彩显得单一，路边的景色显得十分的荒凉。当我们的车开上了一片高地，眼前的景象一下把我们镇住了，一条笔直的路直对纪念碑谷，高耸的红色砂岩孤峰拔地而起，令人感到一种难言的震撼和苍凉的美。

纳瓦伙部族公园（Monument Valley Navajo Tribal Park）位于亚利桑那州与犹他州交界的纳瓦伙族印第安人保留地里，也是美国最大的印第安保留区。虽然不是国家公园，纪念碑谷在美国却和大峡谷，黄石公园一样有名。很多美国西部片的外景和电视广告的背景都常见到这几个十分高大雄伟的代表性山峰，如影片《风语者》、《搜索者》、《阿甘正传》等都选择这里作为绝佳外景地。在一片辽阔的红色沙土平原上，凭空崛起一座座高达 300m 的平顶孤山，傲然挺立，蔚为壮观，令人看得目瞪口呆，感叹造化的神奇。这种地貌是沉积岩因地壳上升受侵蚀而成，孤山顶部比较坚固的岩层，保护着其下的砂岩、砂泥岩和页岩免受侵蚀，形成这个奇观。在保留地有许多印第安人开的出售自制工艺品小店，有的比较整洁，但多数十分简陋，可见当地人生活的不易。

通常，对奇异山形的观赏是要具备很高的想象力或人为提示才能欣赏的。途中倒是看到一个著名地称之为"戴墨西哥帽子的女人"的红沙岩景点，其栩栩如生的奇特山形用不着去联想，人们肯定会毋庸置疑的达成共识。

今天的目的是到拱门国家地质公园所在地，途中经过一座小城布兰丁，突然眼睛一亮，整洁漂亮的街道两旁布满鲜花，每个灯柱上都挂上了花篮，不像是在美国西部而像南方小镇。这里有座恐龙博物馆是世界知名的博物馆之一，可惜今天周六是闭馆日不得参观。MOTEL 有广告 39 美元 / 天的住宿，价格也很便宜，我们停车在城内走了一下，欣赏了一下小城景观，要不是赶路很想在这住一晚。

晚上 7 点多，我们未到拱门国家公园前，就看到作为序幕的第 1 个天然的大拱门，路边到巨大山壁上的拱门还有点距离，时间关系让华宁赶去看看，她一会就消失在小径上上下下的人流中，我只得通过手中 200mm 的长镜头搜索她的行踪。突然看到在大拱门内，在蓝色天空映衬下，小蚂蚁样大小的华宁在向我不断招手挥舞，我屏住呼吸不停按动快门，果然，有好照片收入我的相机中。

入夜快 10 点，再朝前行，抵达了犹他州的摩崖 Moab 镇，这里是距离拱门国家公园最近的城镇，询问了加油站员工，找到河边 1 个营地。办公室写着明天上午 9 点上班，可自选营地住下。当我们查看营地时，大多房车位已停了好多房车。看营地区区位图，还真的有 3 个帐篷营位子，到那一看都长满荒草，肯定很久没有人住过。夜深周围环境也不清楚，有点怯人，肯定不适合帐篷扎营。好在旁边营地办公室的这块条件出奇的好，除有厕所、浴房有热水可洗澡外，还有饮用水机、电源插头、餐桌台、煤气灶台、烧烤架，更主要的是通宵有路灯在这块照明。在这四周漆黑的深夜，在这明亮之地可抹掉我们心中的不安。我们在此做了晚餐，然后洗澡并将手机、相机电池充电，把照片拷贝到笔记本电脑等琐事处理妥当后，将车停靠办公室门口，打开车上天窗并将车窗开条缝，在这温馨的环境里安心在车内睡了一夜。

犹他州双胞胎石峰工艺艺术品贸易小站

好莱坞西部片里最常出现的纪念碑峡谷

流经沙化红土地带的科罗拉多河卷着泥巴浆子一路奔流，然而由于格林水库滤走了几乎所有的沉积物，下游马蹄湾的水居然是清绿的。

主要经销纳瓦霍印第安家庭手工艺品

犹他州布兰丁恐龙博物馆是世界知名博物馆之一

一片红岩与砂土中突然出现了童话书般美丽的布兰丁小镇，这里鲜花遍地，大树苍天，是由摩门教徒一手建立的城市。

Day 38 拱门国家公园 行程 230 英里

8月22日

周日，一大清早开车赶到拱门公园，公园收费站要到 7：30 时上班，没想到此时洞门大开自由进出。门口景区的游客中心设计的很有地域特色，红色砂岩石筑的墙体与环境非常协调，入口重叠展墙上的木构架很好地释义了印第安建筑的文化表象。由于我们来得太早，景区还没开门，决定先上山返回时再参观。

驾车由公园入口往山上台地开去，晨光已映照山岩，色彩逐步由深褐色变得红彤彤直至金黄灿烂，整个人也被温暖气氛感染得燥热起来。拱门公园拥有 80 多处已有几百万年历史的天然砂岩拱门，这里到处是已经形成拱门和正在历经过程的红色岩壁，在走过通向一些景点的沙土路上，叠放着许多游客用小石块堆起的小石堆，有点像藏族的玛尼堆，人们想以此表达某种心愿与梦想。华宁和我也堆了一个小小的石块，我们也借以表达某些心愿与梦想。

行程中我们看到一些造型有些拟人化的山岩，我们会相互打趣来提示，如有称之为 3 姊妹的山岩石，华宁她说英文称这是 3 个邪恶的巫婆般女人。我说这肯定是随口乱讲，哪有那么乏味的译意，应是 3 女神才对，大家哈哈一笑。公园道路流线设计很合理，来回的景观道路连结所有壮丽的景点及各主要的拱门，重要景点都有停车点供下车拍照观赏，并标示游线及距离，有的景点可根据游客时间来取决长短距离，再步行进去深入观赏。

公园管理方面很到位，在主要重点景观流线上都用木栏隔出停车位与行道界线，并有警示牌告诫游客，不要踏踩道路外那些上亿年形成的地表，这正是生态保护的重要体现，是确保原生态的基本保障。

拱门公园地质结构是密集的红砂岩，由于含一定盐分，所以经雨水冲刷、地壳变化、地震影响形成许多奇峰似鳞次栉比，名字五花八门的各类天然拱门，其规模广泛与形态之生动使人目不暇接，特别是许多天然拱桥，中国称之为“天生桥”，例如名为魔鬼花园区域，其中造景拱边座跨度 91m 中间最细处仅有 2m 的拱桥，是世界上的拱门之最。看到时就担心这个已存在多年自然景观的命运。后在游客中心观赏一部景点介绍影片，说到这个拱门，“也许很多年都会一直保持现在这样，也可能不知哪天会突然断掉”。真的很难说，因为最终它们会倒塌，这正是自然的魔力和未来的不可知性的神奇之处。拱门公园内的砂岩上有很好的宿营地，昨天我们赶不到，要不然能宿营在这岩头上，观赏苍茫原野的日出那就太惬意了。

返回到游客中心已是下午近 4 点钟了，在中心主展厅内人工仿制的精致拱门与通透大幅玻璃墙面外的自然岩壁浑然一体，可见设计者的独具匠心，使游客视觉延伸，其情感得以释放开来。在纪念品销售处，华宁看到 1 幅窗拱区的以塔楼拱为背景的北窗拱和南窗拱的代表性照片印刷品，这是在她才几岁时我在黄山旅游时认识的 1 位香港朋友，给我寄来过的一本年历上登载的照片。当时这本挂历挂在华宁床前墙面上，那时孩童的华宁每天看后心中想，有 1 天我一定要去看这美丽的地方，现在梦想成真。虽然我们现在手持长枪短炮照相机拍了不少照片，但这幅图片所包含的已远非风景本身，花 7.99 美元买这张图片回去留作纪念，其意义非凡。

下午 5 点离开拱门公园，开车 5 个多小时到盐湖城。

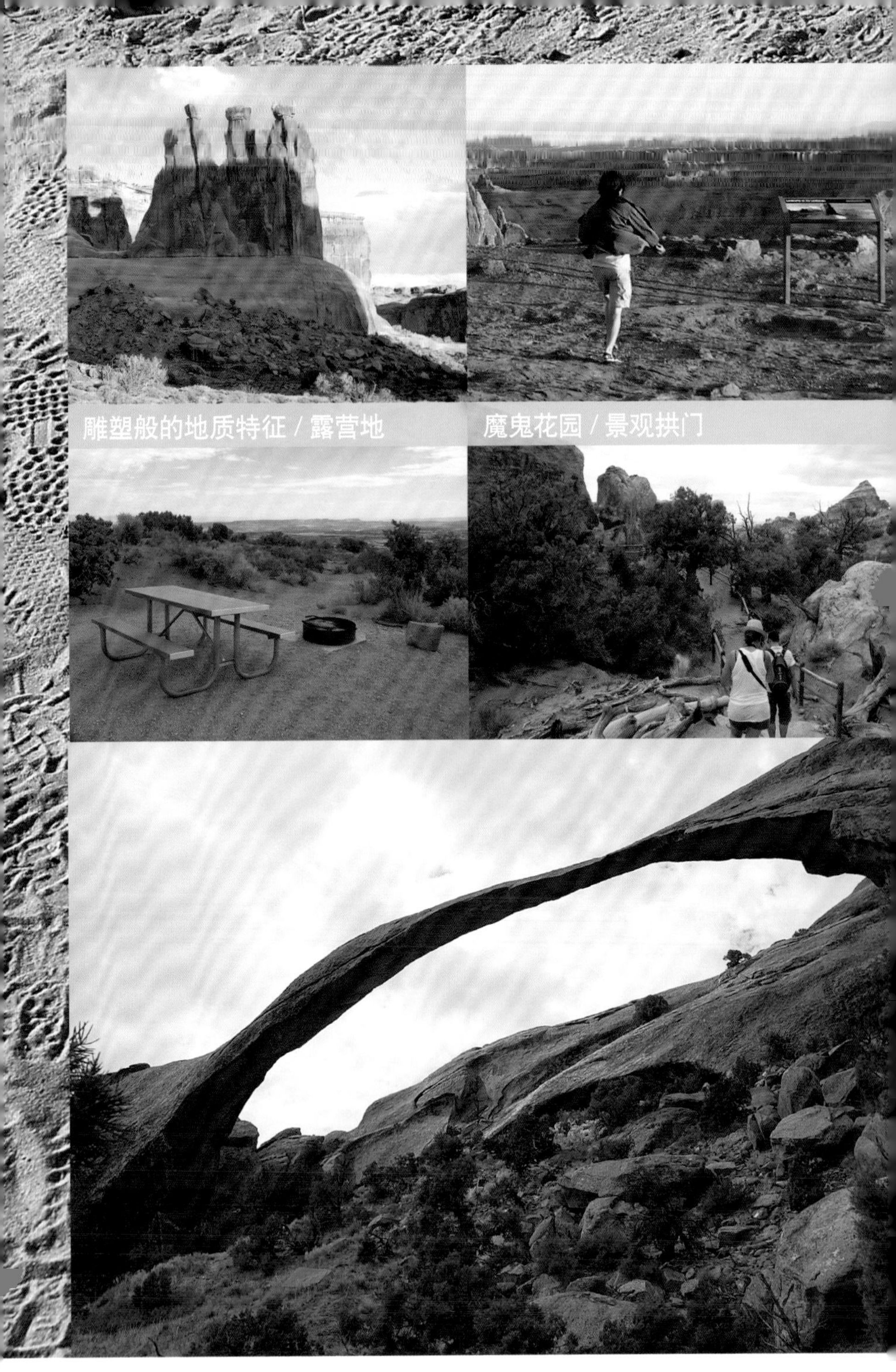

雕塑般的地质特征 / 露营地

魔鬼花园 / 景观拱门

游客中心

Day 30 摩门教圣城 盐湖城 行程 36 英里

8月23日

我们计划在盐湖城休整一下住2天，早上起来重新拍今晚酒店，刚好又拍得现在住的这家酒店，华宁去前台办了一下续住的手续，不用换地方就方便许多，这是自我们出来以来第一次在一个酒店住2天，感觉顿时轻松了许多。华宁抓紧重装笔记本电脑系统，费了许多时间，这样她一直还是未能放松休息。好在昨晚煮了一大锅鸡屯、鸡蛋、香肠。今天我又煮了青菜西兰花、玉米棒，吃的东西没问题。

下午3点多我们去城里，开车十几分钟，找到一处免费停车处停好车，顺着街道往市中心走，首先见到的是城区行驶的有轨电车，非常有特色，在主路口上见到架构的一座鹰门，周边看到的建筑多有宗教色彩。盐湖城是犹他州首府和其最大城市，是2002年冬奥会的举办城市，更主要的是摩门教总部所在地。整个城市以摩门教堂广场区为中心点往外放射，广场内教堂历史和艺术博物馆举世闻名。教堂及管理区域规划错落有致。摩门教堂（建于1853~1893年）、圣殿、大礼拜堂、现代圣徒博物馆以及近年落成的全市最高建筑——28层的摩门教堂办公大楼等，显示了这个美国摩门教中心的城市特色。这组建筑群的确是少有的漂亮组群，我们按图逐一参观。

该城近50%为摩门教徒，而此地是整个世界摩门教中心，据悉教徒会每年拿收入的10%捐给教会（摩门教在美国大本营犹他州，拥有庞大地产及工厂、农场。一切经营、买卖、运用皆由教会统管，其巨大盈利充作教会行政、投资、建筑、传教等的开支。），教会财力雄厚足以建出高水平教会建筑，雄伟、华丽、高贵、圣洁（摩门教不惜巨资建造辉煌夺目之庞大教堂，教堂内不但有聚会大厅，更有宣扬摩门教义的展览室、视听室，其工程浩大，较一些天主教堂有过之而无不及，其最著名的共有10座，最后1座于1956年建于洛杉矶，当时建筑费600万美元，堂高257尺，最顶上站立着"天使"摩龙尼的金像！另外摩门教在全球拥有120余座圣殿，最大的位于美国犹他州盐湖城，中国香港也设有圣殿。圣殿只向配称且持有圣殿推荐书的教友开放，配称且持有圣殿推荐书的教友可在圣殿内举行神圣的婚礼。

参观"狮屋"是摩门教祖布莱汉杨与19名妻子及56个儿女的住所兼办公室，摩门教以一夫多妻制为宗旨。这里1918年改为主教馆，现为陈列馆开放。在展览办公室，工作人员热情指派由一名马来西亚懂中文的华裔及一名美国女孩当我们的向导，她们都是在这里做义工的摩门教徒，（每一个摩门青年在自愿和符合条件的前提下，需奉献1~2年的时间从事传教工作，或在国内或在国外，好像服兵役一样。在服役期间，教会除负责食住外，其他费用一概自理。），她们陪同引导我们参观并详尽讲解，并带我们到新建的会议大厦，巨大的无柱空间可容几万人开大会，为目前世界上最大的无柱建筑，也是1年1度摩门教徒大会的主办地。二层里面空间开阔，有巨幅油画连续展示颂扬摩门教主他们的领袖杨百翰（Brigham Young）及宣扬教义的油画。我们看到有一老妇人在大厅演奏钢琴，倾心投入，情调十足。2位陪伴我们的女孩告诉我们大厦顶层是漂亮的屋顶花园，她们将我们交由另一男士工作人员继续带领参观顶层花园，在此有丰富的花卉植被簇拥的花坛和喷泉让人心旷神怡，更可饱览全城景色。夕阳已至，色彩浓郁饱和，正好拍摄对面圣殿的照片。盐湖城是摩门教早期信徒凭借着虔诚的信仰拓荒而成的城市，摩门教发展早期的一夫多妻制，早在1890年废止，由于教义严格，所以市容相当整洁，甚至连犯罪率都相当低，没有暴力事件，也是离婚率最低的城市。

晚上买了一份中餐在车内吃毕又开车到教堂去看夜景，灯光照射下教堂可谓光芒四射，另有一番景象，取三脚架架上相机，镜头中教堂在水池倒影的映衬下晶莹剔透。今晚拍了不少灯光灿烂的夜景照片，夜里天很凉，我们穿上长裤，厚上衣感觉体温平稳了许多（先前我短裤、短衫冷的不行）。又驱车到城市中心外侧，看看坐落于圣殿广场正北面的州议会山（Capitol Hill）上的州议会大厦，这座以位于华盛顿特区的国会大厦为原型，穹顶与廊柱构筑的大厦是该州花了一亿多美元修建，夜色中我们只能看看闪烁在灯影中美国最奢华的州议会大厦华丽的外表。回到酒店已夜11点了。

摩门教堂办公大楼  　　家史图书馆、摩门教堂

鸟瞰盐湖城

椭圆形礼堂

摩门教新会议大厦内顶层天穹下的膜拜偶像

摩门教主庙

摩门教无柱大会堂 / 建于 1850 年的蜂巢屋

摩门教圣殿与教堂内部模型

犹他州议会大厦

拜占庭建筑 (1923~1925 年)
(Holy Trinity Greek Orthodox Church)

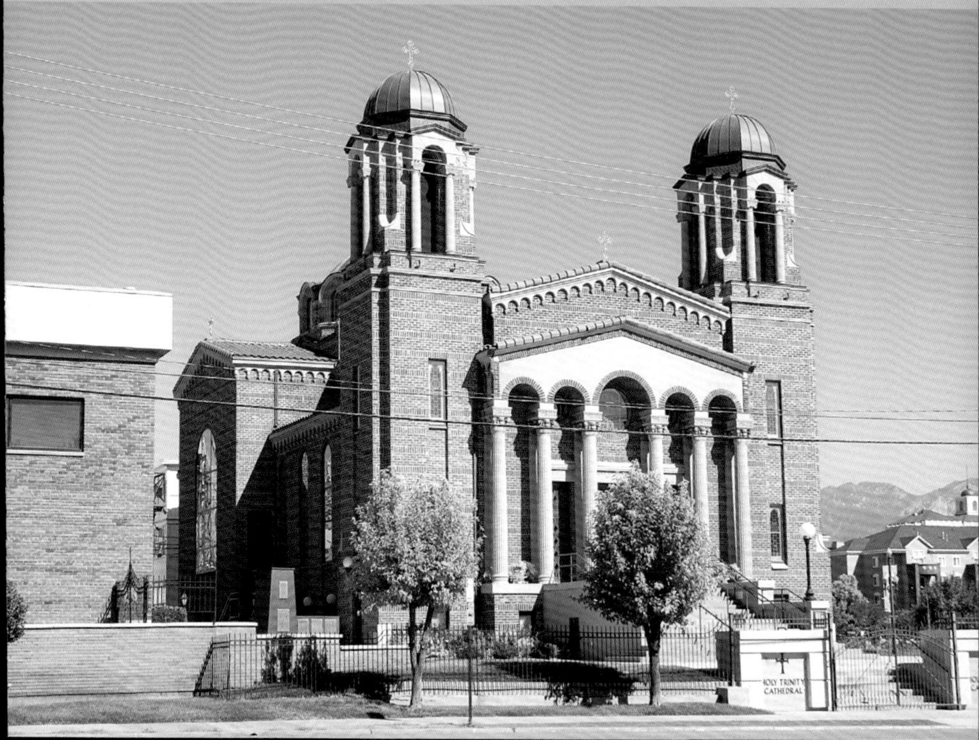

Day 40　向牛仔小镇杰克逊进发　行程 353 英里

8月24日

吸取昨天晚起误餐的教训，8：30时去早餐，终于吃到不好意思吃为止，饱餐一顿。今天要前往黄石公园方向了，因近日公园有熊伤人致死的报道，发生这样的大事故是开园以来少有的，公园加强了许多安全措施。为安全起见，原计划露营的可能性不大了，但在公园内如何食住就不人确定了，华宁查了些资料看了许多相关报道也不太清楚，只有到了以后再说。

快12点开车，想要经过大提顿国家公园再去黄石国家公园南口。由于出来时间晚的缘故，傍晚时分我们仅达大提顿公园前的杰克逊小镇，作为进入大提顿和黄石公园的门户，前来的游客多住宿于此，这里也成为接待游客最多的地方。小镇不大，中心广场四周街区1小时内可走得差不多了，但小镇十分繁荣，画廊、餐厅、酒吧、店铺林立。

街头耸立着一个骑在一匹腾空的马背上挥舞着泰森宽边帽的牛仔的铜雕，这就是怀俄明州的州徽造型。整个街区建筑跟好莱坞西部片小镇感觉一模一样。小镇中心最有特色的是鹿角公园的4座拱门，用附近麋鹿保护区内麋鹿自然脱落的鹿角搭制（提醒一点游客在保护区及公园检取鹿角都是不允许的）。我们在街边还看到一些牛仔们日用的帽子、皮靴、马具等皮制用品摆满了一些杂货店，现在光顾最多要属这些开车来的游客，以怀旧的心情以求旅游纪念品的方式购买这些物件了，其意义远非实用功能性了。当然更吸引我的是一些美术馆及旅游纪念品店，陈列许多西部题材的油画作品和当地人手工制品，有些质量非常高、观赏性很强。另有一些熊、麋鹿等动物标本及远古动物化石展示，对我这个在国内做过好几个地质博物馆展示的设计者来说，看到这些明码标价的东西心里痒酥酥的特别兴奋，我当然知道很多东西因海关限制是不能带回国内的，但能一饱眼福也足矣。小镇因其特殊的地理位置，浓郁的西部牛仔文化氛围，留给我们很深的印象，难怪这小镇被称为“怀俄明州一颗璀璨的明珠”。

晚餐排了好会队才在一家露天餐厅吃到泰国菜。饭后又在街上逛了一下，因天已晚不少店铺已打烊，只得欣赏那些建筑外观与橱窗陈列。小镇内游走的麋鹿等野生动物很多，夜深也不便找营地，我们在一个MOTEL停车场停车，在车上睡了一夜，高原昼夜温差大，夜里很冷，好在昨天有预见性的又买了1条睡袋，这样有2条厚睡袋睡觉就没问题了。

公路休息站旁的火山地质遗迹公园

田原牧歌

丰饶的土地

牛仔城公园与建筑

HCF 1
GUIDED FISHING TRIPS
& CASTING LESSONS
HIGH COUNTRY FLIES
HOME RANCH BUILDING
185 North Center Street

Day 41　野性黄石（1）　行程 141 英里

8月25日

一早赶往大提顿，沿途不时见到注意观察羚羊、麋鹿横穿公路的警示牌。接近秀丽的大提顿国家公园，眼见在开着小碎花的碧绿草原上，是一片郁郁苍苍的林木，原野上连绵的山峦高峻挺拔，巍峨雄秀。公园内最高的山峰是大提顿峰，海拔4198m，有存留至今的冰川，是世界上最陡峭、最壮丽的山峰。其余峰峦顶部有少量残存冰雪银光闪闪，仔细观察一些较矮峰顶低凹处实际上有些是一种白色花岗岩砂似的沉积物，如同我在云南玉龙雪山看到的一般，估计入冬时积雪较多，那才是观雪山冰川的最佳时节。该公园代表性的除大提顿峰，另外就属杰克逊湖最大，该地的冰湖则以珍尼湖最为著名。我们在主峰前草场上游览后，开车经林间小径下到峰前谷底的河床边，见到一队队来乘漂流筏漂流的游客们，个个穿上橙色救生衣，在向导指挥下登漂流筏，在一片呼叫声中顺流而去，不亦乐乎。

到大提顿是看草原雪山，接下来到黄石公园主要是地热景观。黄石国家公园占地9000多平方千米，位于怀俄明州的大片原始森林中。自然景观丰富多样，峡谷、瀑布、湖泊、间歇泉和温泉。还有丰富的野生动物，如黑熊、狼、麋鹿、驼鹿、大角羊和野牛等。

黄石公园建于1872年，是美国第1个国家公园，在那个年代，出于对大自然的无限热爱，美国最著名也是最有影响的自然主义者和环保主义者约翰·缪尔把建立国家公园的运动变成一场捍卫大自然的圣战，以敦促通过政府法案来保护自然资源，利用美国人民的爱国热情完成自己的梦想。他认为，人类只是大自然中渺小的一部分，建立国家公园是献给全人类的礼物。1978年黄石公园被列入世界遗产名录。

我们驱车由西门进入到黄石公园时，已是下午4点多了。经过一片开阔黄石河水域，碧绿的河水波光粼粼，真有一种难以形容的令人心悸的美丽与壮阔。突然，眼见一位老者与孙女刚好行走在一棵高大枯萎而另一棵相依矮小繁茂的松树下，映衬在这湖光之中，我惊呼我拍到了一幅绝佳的作品。那种自然的和谐演绎着自然界一切生命的生生不息。湖畔前呈现的是泥土锅、喷气孔等多种地热现象，各异的地热泉眼咕嘟嘟响的涌动，壮观极了。

继续沿公园道路前行，路上车辆不多，我们正放松情绪的轻松驾驶中，突然路旁山坡上出现一头黑熊冲下来过马路，来得突然只得停车让路。由于距离太近，我们紧张得一时不知所措，好在我一下反应过来，抓住这千载难逢好机会，赶紧拍照，并用长焦也拍了2张，这头巨大的灰熊一会沿溪流小径而去。整个过程瞬间而去，仅我们和对面驶来的一辆车主看到这头黑熊，后来当我们见到一群游客时，情不自禁显摆的让他们看我拍到的熊姿时，大家羡慕得不得了。在黄石公园能看到熊是很幸运的事，难得此行有这么好的运气。后来，华宁按公园规定（游客发现了熊要急时报告行踪）去公园管理处报告了遇到熊的情况，工作人员说这头黑熊已装有跟踪器，这次它是去吃在河边一片它最喜欢的植物，很感谢我们报告并向附近游客通报注意熊的情况。

晚赶到老忠实泉面前的世界最大的原木旅馆——老忠实泉旅馆［1904年，美国年轻建筑师Robert Reamer在老忠实泉旁设计建造了著名的老忠实泉旅馆（Old Faithful Inn）］，这座完全由黄石的原木和岩石构建而成的建筑是现今世界上最大的原木结构旅馆。在美国建筑家协会进行的调查中，老忠实泉旅馆与帝国大厦、国会山、华盛顿纪念碑等建筑一齐成为美国最受喜欢的建筑。旅店高耸的人字形陂屋顶内是大堂，大堂左右两翼是客房，旅馆后面较矮的是旅馆餐厅。旅馆正面二层有一个大的露天阳台，阳台上布置有休闲的桌椅，可在此观赏老忠实泉的大致地貌景色。

现在正值公园旅游旺季，旅店如不早预订是不可能有房间的。虽然我们没能住此，但并不妨碍享受这里的共享空间，六层高的大厅，全木质结构，看着就令人震撼。我们坐在旅馆石砌壁炉温暖的炉火旁，这里沙发下配有许多插座，赶紧将照片倒到电脑及移动硬盘上并将照相机电池充电用着明天备用，忙至夜10：30时离去，又开车去附近MOTEL停车处在车上睡了一夜。

湖水清冽幽蓝，波光粼粼

大提顿公园群峰延绵，尽展妖娆

黄石河畔

8月26日

老忠实泉是有规律性的间歇泉，约 90 分钟喷发 1 次，据闻已有 200 年历史，我们一早到泉边已有许多游客聚集在木板道上，刚好赶上喷发，喷发时间持续 2~5 分钟，其羽状蒸气水柱高达 40 多米。继而，我们沿木步行栈道游览黄石国家公园 1.6km 长的上间歇泉盆地，是世界上温泉和间歇泉最多的地方。不时有更多间歇泉和热喷泉，喷射着沸腾的水柱，冒着滚滚蒸汽，好似倒转的瀑布，它们从火热而黑暗的地下世界不时喷涌而出，还能听到水蒸气隆隆的轰鸣。那由水与火锤炼而成的大地原始景观被人们称为"地球表面上最精彩、最壮观的美景"。不知不觉中我们已游览了 3 个多小时且没吃早餐，直到中午才回到车上。

下午去看最大的地热泉，温泉析出的矿物质把清澈的泉水染成橙黄、碧蓝、粉红等种种奇妙的颜色。青山环绕，彩湖缤纷，湖面上荡漾着轻烟薄雾，宛如人间仙境。升腾的水气围绕热泉瀑布是黄石公园又一道美丽的水景。（黄石公园有数以千计的温泉，这些温泉碧波荡漾，水雾缭绕；上百个间歇泉喷射着沸腾的水柱。而在这些温泉中最漂亮的要数 Morning Glory Pool 温泉。）

途中我们还在黄石大峡谷的黄石河水溪流中游泳。当看到许多人在此戏水，我们在园内已两天没洗澡，这一下可解决问题。从主观上来说，我们知道黄石公园地热资源丰富，有许多热泉，但能享用洗温泉的具体位置并没刻意查证，仅设想能随意碰到就好。刚到此看到这么多人在河中以为找到地方了，可下去才知并非是温泉。水虽清澈但刚入水感觉却冰凉，试着将身子在水中一点点的蹲下去，只留个脑袋在水面上，让身体慢慢适应了也还好。在水中畅游涤除污垢，沐浴在大自然中，享受着大自对我们的恩赐。

沿路还见到不少野牦牛、大角鹿、野兔等野生动物，晚上赶到靠近公园北门猛犸象镇晚餐，又在 MOTEL 停车场车里住一夜，今夜不太冷，下了点雨。

世界最大的原木旅馆——老忠实泉旅馆

Morning Glory Pool 属于热泉，它的温度通常比间歇泉低得多，所以其中可以繁衍出丰富的藻类。Morning Glory Pool 温泉最大的特点是：它们的颜色随着水温的变化而不同。水温在 85℃时，泉内藻类为白色；82℃时为肉红色；74℃时浅黄色；68℃时为黄绿色。

8月27日

晨6：30时赶去猛犸梯田喷泉区参观，Mammoth Hot Spring 指的是巨大的热泉，空气中弥漫着浓浓的硫磺味道。远远看去整片山几乎都是一片雪白，中间夹杂了一些烧焦的树，景象很诡异。早晨在景区拍了不少照片，清晨光影变化含蓄，乳石积淀产生的纹理丰富有趣，台地似梯田般有曲线层叠变化，随着太阳升起，光线照射温泉水中其他矿物质析出的红、橙、兰、绿等彩条又把洁白的石灰华台地绘成五彩的图画更加美不胜收。后一路见到不少大小瀑布，黄石公园中有高塔瀑布、火洞瀑布、彩虹瀑布、神仙瀑布、水晶瀑布和上下瀑布等。其中下瀑布落差达94m，比我国的黄果树瀑布还高出20m。在紧贴瀑布急流的观景步道上行走，在瀑布的边上看着汹涌的河水在脚下奔腾着倾泻到山谷中，颇为惊心动魄。轰鸣的流水声震耳欲聋，黄石公园这条最壮丽、最华美的景色，97km长的黄石河，它在告诉我们这是"美国境内唯一没有水坝的河流"，它在咆哮它是一条自由的河。从不同位置远视近观黄石河流峡谷瀑布溪流变化更是今天观景的主题。

晚上赶到湖边本想看夕阳落日，因位置选择方向不准确，错过落日时分，仅拍到一片晚霞。待回到餐厅时天已暗，晚餐吃烤肉，2人吃一份20美元在这样景区已不算贵了。今天见到更多野牛，成群的顺山地草坪边低头啃草边向前推进，一会就走得很远。这使我想到美国印第安人那段悲壮的历史，早年野牛曾蔓延整个美洲大陆，自由的印第安人是随数以万计的野牛迁徙而生存，白人的侵入大量猎杀野牛使之近乎绝灭，失去了野牛和领土的印第安人被限定在少量保留地内，失去了他们原有的生存方式，生活的困苦是不可言喻的。19世纪末，美国境内仅有位于蒙大拿州的国家野牛保护区及黄石公园还有少数的野牛生存，总数不下100多头。黄石公园是目前野生野牛唯一的住所。

还有很多人在一起眺望远处一只狼，只是太远看的不是很清楚，或许是狐狸，狼虽是食肉动物，但这种动物的存在对于保持自然界生态平衡不可缺失。现在是旅游旺季、没有提前预约不可能订到住宿。夜宿车中，当然又是MOTEL停车场，我们已经连续住了好几天车上。

Mammoth Hot Spring 指的是巨大的热泉，空气中弥漫着浓浓的硫磺味道。与昨天看的热泉形成的湖泊与瀑布不同，它的范围大到整个山头都是热泉。由于温泉中溶有石灰石物质，流出后水温降低，冷却后结晶成洁白的石灰华，晶莹透彻，形成不同形状的层层台地，此景类似我国九寨沟黄龙白水台。

公园历经火山爆发、冰川运动留下山谷、瀑布、河流、湿地、地热及喷泉。同时公园也是美国最大的野生动物庇护所。

8月28日

在 MOTEL 停车场的车里想睡懒觉是不可能的。一大清早，停在对面的车就有人发动引擎，等他的车开走了我们也无法再睡，于是下脆将车开至湖边看看清晨的湖光山色，美丽壮观的黄石湖是美国最大的高山湖泊，长 32km，宽 21.5km，湖岸周长 180km。湖边可见碧蓝的湖水清澈见底，大自然如此纯洁，使人感悟至深。早点出来为看日出，岸边已聚集了几个摄友，不料太阳就是被一块云遮挡住没露出来，令大家遗憾，两次赶早出来却都没观赏到太阳升起景致。草地上成群野牛吃草，沿黄石公园东门方向出来，途中又很近拍到野牛。湖边景色宜人，停车在沙地上走走，再回首看看将离去的那沸腾的湖光山色。

回想起来，在黄石公园感受最大的就是在人与自然的关系中尊重自然、顺应自然、维护自然。具体体现在规划策略：黄石国家公园建立时是当时世界第 1 个国家公园；公园道路、设施、建筑都融合于环境之中；黄石河是美国唯一没筑坝的河流；对过火林保留，意识到山火作为一种自然现象有利于保持生态平衡；维护野生动物生物链形成的生态群落多样性。另一方面良好的国民教育培养了公民环保意识。所以，可看到公园几亿年形成的地壳变化的地表保存良好，人们自觉按木道和指定游线道路行走，而不会去践踏地表。公园中如有朽木倒在林地上直至全部腐烂掉，人们不会因挡道去搬动它，以保持生物循环的生态性。对待野生动物及鸟禽，遵守决不人工喂食的原则。正是这些原则，使之即便每年虽有成千上万的人到这里来，公园把一切又都那么完美无瑕地展示给大家，令每位游客都流连忘返、深感无憾。是不是可以说这就是自然给人类回报的一种因果性？我看是的。

离开黄石湖畔出了黄石公园，也就出了保护区范围，不断有私人牧场出现在路旁，见到的是成群的家畜而非野生动物了，反差造成心中的失落，感到景色虽好但风光不再。行程中又见一片湖泊，在车行崖口有一规模不大的水坝筑此，坝址旁有一些建坝简介及当时工程机械及工具展示。但从黄石公园出来再看这些，除庆幸唯一没筑坝而保持黄石河的原生态外，已远没了“人定胜天”的豪情了。

出黄石公园后，走 90 号公路一直向东行可达芝加哥。傍晚 6 点多钟天色渐阴，我们车经过一些农场、小镇后逐步沿山路上行，此地属一个森林公园范围，在山顶有供观景的停车处。从这里可观看到山下开阔的平原风光和自然造就的地貌状态。我们正在观景时天瞬间昏暗下来，就像拉下了一道黑幕，突然黑色云层中闪烁出一束亮光似黑暗中睁开一只眼睛，在这个明亮的眼眶里映出一片草地牛羊，从中可见人和牛羊在大地上自由自在的行走，给人的直觉这不就是天堂所在吗？这个我们从未经历过的神奇自然现象也告诉我们，许多宗教绘画中关于圣光显现的描绘远非空穴来风，也使我们真切感受到在坦帕达利艺术馆见到达利绘画中一些奇特造型及神圣意境均来之生活，只是我们各自生活的区域限定我们由所见而造成的思维局限，这是以往从未思考过的一个问题。旅行见识到的一些事物与景色都是我们做梦都想不到的，其真正的影响力是我出发前所未预料到的。

晚到吉莱特 GILLTTE 小城，由于太晚拍不到旅馆，只得 74 美元住此行收费最贵的 MOTEL 了，条件实属一般没有什么可称道的。

野牛比尔水坝 (1904~1910)

工程师：Daniel Webster Cole

混凝土重力拱坝

从黄石公园出来，往"拉什莫尔山国家纪念公园"方向行进，首先经过的是环绕黄石公园的国家森林之一的肖肖尼国家森林公园，途经水牛比尔水坝，在游客中心作短暂休息。说起水坝的名字这里不能不谈及野牛比尔，他是19世纪70年代美国西部开发之始的蛮荒西部代表人物，他的原名威廉·科迪，他的职业是美军陆军侦察兵，善捕野牛，曾在8个月内杀死5000头野牛，因此获得"野牛比尔"绰号。他组织了"野牛比尔蛮荒西部演出团"到各地进行巡回演出，让东部的美国和世界认识到了神秘的印第安酋长、传奇枪手、雄伟的落基山脉、辽阔的平原、神秘奇异的西部景色。野牛比尔的主要贡献在于创造了美国西部神化，是将美国西部文化介绍给世界第1人，所以人们没有忘记他。

大角羊盆地

本是遍布北美山艾的半干旱土地，在野牛比尔水坝的帮助下成为高产的良田。

Day 45 总统山与沃尔小镇 行程 570 英里

8月29日

上午 11 点出发，在车中把笔记本电脑升级完毕做了 75 个补丁，天气晴好，沿南达科他州布莱克丘陵地带行驶，途中许多农庄，大片草场及收割的痕迹在阳光映衬下十分夺目。今天的目的地第 1 站景点是去"拉什莫尔山国家纪念公园"看 4 位总统雕像，对这组著名雕像早已在希区柯克的惊悚片中见识过。此时顺着大道远远看见一座 1 个雕塑中的山头便开车过去，一问才知这是在距拉什莫山不远的地方，1 个印第安基金会正在兴建 1 座更巨大宏伟的雕像"黑山疯马威特科纪念碑"。与总统山雕像比较，政府少有宣传，所以许多第 1 次来南科达州游客并不知道有这项目，目前已可供游人参观。

继续前往仅距此 17km 拉什莫山，车在 4 位美国总统巨石雕像侧后一观景点停下，他们的巨型头像被雕塑在拉什莫山 1745m 高的花岗岩山体上。在这里可清楚看到最左边华盛顿总统的雕像侧面，头像气宇昂然，显露出严肃而又坚定的表情里透着果敢和坚毅。这一偶然形成观赏视角极佳，当然少不了一阵狂拍，还设想是否就以这下面直接爬到雕像上去，考察试探一番其实不可行，我刚才想攀爬的设想也是受电影的误导，美国管理明文规定拉什莫尔山禁止游人攀登，以示对 4 位总统的崇敬。继续前行就顺道转到雕像正面，从这里可见 4 尊雕像。

离开雕像时我想，前面黑山的疯马雕像与拉什莫山的总统雕像，两者并存不能不说前者的出现是对后者的削弱，而前者的创建比后者晚了许多年，缘由是居住附近印第安部落始终认为此地是印第安人圣地，作为对于总统山工程的回应，拉科塔人在布拉克山区的黑山建造了纪念历史上著名的拉科塔酋长疯马的纪念雕像，或许此举体现的正是美国精神的实质。

下午专程去看沃尔小镇，这是因为路过美国沃尔小镇的行人，都可以免费喝到冰水，正是这一段历史上提供免费冰水小店造就了今天的小镇。故事是这样的，1936 年的沃尔小镇药剂师特德·赫斯特德，因公路上往来的车辆由于赶路很少在小镇停下，生意难以为继，几近关门。看着大热天公路上开车司机们饥渴的样子，何不免费向他们免费提供冰水，这样可以歇下脚。当他在路口挂出免费喝冰水的牌子，果然不少司机停下喝杯免费冰水，顺便也会买点东西。如此一来免费喝冰水也成小镇的传统，日渐兴旺的生意也促进了今日小镇的繁荣。这个传统可以说是沃尔镇的标志、传奇和文化。为此，我们要去看看这个小镇现在是什么样子。

来到小镇目睹了一切，现在我终于知道，小镇的繁荣远非仅仅凭免费喝冰水一件事得来，而沃尔镇的人设想了更多的项目及全心投入的服务精神才是成就了小镇今天的原因所在。它的影响远远超出地域局限，今天在全美国的餐厅都提供免费冰水。

晚上到达位于州际 90 号公路南的 110 出口和 131 出口之间的"恶地国家公园"（巴德兰兹国家公园（Bad Lands National Park））。"恶地"之名是早期人们第一次碰到这片突起如月球般地貌时，植被稀少，一片荒凉，他们形象的称此地为"恶地——恶劣的土地"。公园内土地历经数百年的风、水，冰冻融化侵蚀而形成迷宫般的弧山、峡谷和沟壑，为南科达州西南部的大平原描绘了色彩斑斓的地貌景观。这里很荒芜，但能使人充分感受自然变迁的沧桑，我们车行其间可自由探索这一自然的奇迹。

这里是多种野生动物的家园，包括大角羊、野牛、草原狐和濒临灭绝的脚雪貂。人们常看到羚羊和鹿漫步在公路旁或野餐休息处。广阔原野，这里野生动物极多，感觉超过黄石公园。车开进公园就有大角羊拖家带口的在路上与我们并行，停车看到深陷的丘豁间，几只大角羊就在土崖上一动不动的，我们上上下下前后左右的拍了不少特写，它们时不时也换个姿态摆个造型，令人兴致勃勃。园中行人及车辆稀少，途中时有鹿等过马路。最可笑的是天色已暗，一头野牛一动不动停在观景台边，还以为是座造型不错的雕塑，但巨大的体型感觉像头野象，一会又晃动起来，吓了我们一跳。野牛是野性很强动物，发作起来可冲撞行人甚至撞翻车辆，所以我们谨慎地打开远光灯，从这头野牛旁边绕行过去。恶地公园里有几百头野牛，全美国除了在黄石公园之外，这里可能是最容易看到野牛的地方了。但在这里和在黄石看到的感觉很不一样。据说公园里还有野马，可惜我们没机会看到。

黑夜里空气中弥漫着燥热的气息，这里没有手机与网络信号，车载的 GPS 好像也失去了定位功能，由于计算里程的误导（原以为 4827m，实则 48270m），一路荒芜的土路上车开了很久找不到营地，停下车也观望不到前后景象，惶恐中甚至想返回到公园入口地去。商量后决定还是顺路继续往前行，总应该有个头吧。终于在黑幕中远远看到了点灯火，正是我们要找的免费野营地，悬着的心终于有了着落。盆地里一块不大的地方，已有房车和帐篷在此安营扎寨，还有一个马栅栏，里面围着好些马匹，估计是印第安人用来出租的，虽然味道有影响，但有了人气我们也就有了安全感。在营地野餐桌上架起燃气炉灶下快餐面，胡乱吃了一顿。仰望天空本是满眼繁星，可一会儿一片乌云飘移过来，下了会雨我们只得睡车上。华宁在 LED 野营灯照射下仔细看照相机说明书，正好研究弄懂相机 B 门关系拍下星空，此地是美国宇航局最佳拍摄星空的地方，可惜今夜后来一直未见星空。夜里不时听见有动物就在不远处嚎叫，一早醒来就看见野牦牛在近旁漫步吃草，野生动物没把我们当外人。

Toomey's Mills，Newcastle，WY
怀旧与创新的对话，昨天的面粉厂，今天的餐馆，改造性再利用的典型例子。

改造性再利用 (Adaptive Reuse)

指在建筑领域中借助创造1种新的使用机能或重新配置1栋建筑，使其原有机能得以满足1种新的需求，重新延续1栋建筑物构造物生命的行为。

西部小镇和西进运动

苍凉、粗犷、大气磅礴的西部大地上，沿着公路零星散落着一些西部小镇，它们大多是在西进运动后期随着铁路运输和矿业开采发展起来的，所以逐渐形成1种特殊而典型的小镇形式——T 型镇，指的是以火车道为横，以主街道为竖，围绕着一横一竖而建设起的小镇。现在开车路过，根本没有停下来的必要，因为可以一眼望到底。随着 20 世纪新能源的出现，产业结构的变化，都市化的形成等，原有的小镇必须主动改变、创新才能在 21 世纪继续生存。

疯马将军骑在它的战马上，抬起左手，遥指远方。风中隐约传来并不断重复着他留给后世的那句掷地有声的名言"我的土地就是我们的葬身之地！"（My lands are where my dead lie buried.）。建造中的这座巨大的雕像高 180 多米宽 210 多米，光是头部就有 9 层楼房高。在体量上将远超过总统山雕塑，可见印第安人对英雄的敬仰与对部族精神的颂扬，山头上现仅雕出头部与身体躯干轮廓，马还没雕出，这可是项长期工程。这项工程是由出生于美国 1 个波兰移民家庭雕刻家柯扎克·希欧考斯基提出的，1949 年疯马雕像正式动工，他于 1982 年去世。他的伙伴雕塑家契夫亨瑞他接着雕，估计还得许多年才能完成。

"我的土地就是我们的葬身之地"。
"My lands are where my dead lie buried."

注：疯马如今在此地安息

从左至右，4 个头像分别是：美国的国父，第 1 任总统乔治·华盛顿、美国《独立宣言》的起草人第 3 任总统托马斯·杰斐逊、政绩显赫的第 26 任总统西奥多·罗斯福，以及解放黑奴并打赢南北战争的第 16 任总统亚伯拉罕·林肯。雕像似横空出世，与山体浑然天成，气势恢宏，令游人肃然起敬。

1927 年，拉什莫山总统巨像工程拉开序幕。360 多位工程师和雕塑家风餐露宿，历经 14 个寒冬酷暑，于 1941 年完成了这个依山雕琢的浩大工程。（动工之时，博格勒姆已年过花甲。他把全部心血都倾注到这项伟大工程中，仅 4 位总统的艺术造型就修改了 9 次之多。不幸的是，1941 年 3 月 6 日，74 岁的博格勒姆因脑血栓与世长辞，没能亲眼看到让他魂牵梦绕的那 4 尊总统石像竣工。他的儿子、同样是雕塑家的林肯·博格勒姆继承了父亲未竟的大业。1941 年底，工程宣告结束。）

沃尔镇杂货店标榜自己是世界最大的杂货店，实质上就是很多不同门类的小店在同一个屋檐下经营，因为同属1家公司，所以本质上还是1家店吧。至于经营的内容则是应有尽有，文教、娱乐、餐饮，最夸张的是店里还包括了一个教堂！

当我们到达沃尔镇时，小镇不大但巨大沃尔镇药店沃尔德拉戈标牌十分醒目，街道两旁店铺林立，高大的谷仓耸立在街区尽头，街边停车位上，已停满车辆，可见人气的确很旺。我们找到沃尔德拉戈百货店附近停下车，首先在这著名小店前留个影，街边立着许多铁制小小的马头造型的拴马桩非常可爱。平心而论来此地，一是想见证一下这段传奇，二是在美国金融危机导致世界经济衰退的今天，小镇的创业精神显得尤为重要。

小店今天已是拥有许多间店面的一个集购物、休闲娱乐为一体的综合性商场了，经销商品种类繁多，有丰富的各色纪念品、西部牛仔用品、印第安人手工制品、各色日常用品及餐饮娱乐，我花 10 美元买了一条墨西哥线毯，色彩浓烈，图案民族风格十分突出。店内通道间展示了许多早年西部创业者生活场景的塑像，人物造型栩栩如生，将人们带到那个时代。在店内我们喝到免费冰水，同时还有自助的 5 美分 1 杯的咖啡，这个价钱在今天来说，仅是象征性收费，这一定是全美收费最便宜的咖啡了。墙上挂满发黄的小镇早期各色人物及场景的老照片，让人们在这里边喝冰水，边重温小镇及小店的历史。

店铺内还有 1 座供人礼拜的小教堂，商铺的后院是 1 个极具西部特色的小游乐场，院内建有南科达州总统山雕像的微缩景观，有当地黑熊、狼、麋鹿、驼鹿、大角羊和野牛的动物标本供人合影，还有仿制早年的小火车，车站、木水塔及传统的马车，西部牛仔跃马奔腾的塑像耸立。行走在院内，会被突然喷出的水柱吓一跳，孩童们在这里玩耍的不亦乐乎。在室内还有金矿淘金生产过程再现及工具展示，另有运用声光电显示印第安人与白人战争演示的模型等等，这些与大城市相比颇有些小儿科的简陋设施，所开创出新的营销策略对这个荒原小镇却意味着许多。

Day 46 —“恶地”非恶地 行程 454 英里
BEN REIFEL VISITOR CENTER
BADLANDS NATIONAL PARK

8月30日

从免费营地返回公园主干道，天阴使光线却少层次不太适合拍照，但看到更多野牦牛群，昨天见到的大角羊还在原地，更多见是麋鹿，另一个草原区特产是草原狗（Prairie Dog），它像是小型的地鼠，长得很可爱，而且不怎么怕人。看似荒芜的草坪上仔细观察不计其数地鼠在活蹦乱跳。

游客中心有详细的景区地貌模型展示、景区地质构造及动植物类别分布。我们特地观看了介绍恶地公园的一部获奖的纪录片，全面了解公园历史上的现状。影片中采访了一些生活在当地的土著及移民者，他们说从来没有认为这里是恶地，这是人们对这块土地的误解，虽然这里自然条件恶劣，养活不了多少牛和人，许多早期移民病亡或因穷困离去，但多少年后一些人又回到这里，这里是令他们魂牵梦萦的地方。纪录片拍摄的十分感人，使我们有深层次感悟。

走出公园门口，见停有小型直升飞机，可供游客乘坐到空中观赏。不远处还有当年移民的老房子，展示当年移民拓荒的一些生产工具和生活用品，私人经营供游人参观，每人收费7美元。展示的东西不多，一目了然，就在栏杆外拍些照片，倒是眼前草地上许多白色的土鼠，活灵活现的十分有趣。

经过绵延起伏的布法罗加普国家草原，这是一种矮草原，到处是收割后排列在草场上圆柱形草垛，形成了一片特有的田原风光，可惜今天缺少阳光，不然照耀下的草垛金灿灿一片会更加夺目。

车行到皮尔城附近，我们看到了将南科他州分为南北部分的密苏里河，在经过河上的大桥时，见到并架有一座老铁桥，看起来很长历史了。河岸边断崖上建有南达科达州文化遗产中心。在这里有观赏密苏里河的最佳视角平台，看到眼前这条曾经充满野性宽大气魄的河流，此时联想到我们祖国的长江、黄河也同样源远流长。

在休息站我们煮通心粉、西兰花。饭后继续前行，平原上天气一会雨一会晴，变化无常，天黑要赶到我们计划中的另一个景点，就是米切尔镇，这里有传说中的玉米皇宫。

玉米皇宫通过装饰而使建筑引人注目，这类例子还有我们在休斯顿所看到的啤酒小屋。这些以个人或集体的力量所做的建筑装饰，突出的是标新立异的创造性，这种创新正好迎合大众好奇求新的审美需求，这正是我们作为建筑师与艺术家在这方面要深刻反思的一个问题。

晚上快11点到苏福尔斯郊外，标到35美元住宿，今天见识了太多，要好好休息了。

白天视野开阔了，眼前是连绵不断的大片泥土沟壑，显然是几千年雨水和冰冻侵蚀造成，地表的原始形态毫无遮掩地完美展露。放眼俯瞰这广博的侵蚀溪谷，线条、形状和颜色主宰了这里一切，显得十分荒凉、粗犷、壮观，这正是人们称之为月球般的地貌。这里有些区域过去一度是美国军方投弹演练场，至今还是无人区。在这些起伏的谷地里还蕴藏丰富的古生物化石，一些山体地层地貌清晰可见，仔细寻觅可见到一些裸露的动物骨骼化石。

游客中心门前，搭建几座印第安人的帐篷，在本州的道路休息站也见到过以印第安人帐篷支架构筑的抽象造型，很有地域与民族精神的代表性。

公园路边时不时设有观景点并有景点介绍说明供游人观看，有趣的是景点标示牌，往往用一圈粗壮的木桩围起来，就是防范野牛撞毁了它。

文化遗产中心内陈列记述了本州苏族部落的历史，同时提供了该州土地上居住并劳作的白种人移民的名种族背景资料。因错过开放时间只得观其外观，建筑中心展厅有座木船的一半延伸出玻璃墙体外，设计的比较有视觉冲击力而显独特，中心前同样树立着本州印第安人帐篷支架式构筑的标志性造型雕塑，只是体量更高大，我们称之为"州雕"或许更形象些。

密苏里河是美国主要河流之一，密西西比河最长的支流。密苏里河发源于蒙大拿州黄石公园附近的落基山脉东坡，流至密苏里州圣路易斯以北汇入密西西比河。全长 4300 多公里。密苏里河的名称来源于土著印第安人阿尔冈金部落，意为"大独木舟之河"。

CORN
Strand is the Product
ver for the Corn Palace.
se 12 different colors or
s of corn in the decorating
sses. Rye, Sour Dock,
s and Milo are used in
n work of the designs.
SOUTH DAKOTA
THROUGH THE AGES

玉米皇宫号称"农作物泰姬陵"，可见人们评价之高。晚上近9点在夜幕的灯光闪烁中，总算见到的这座玉米包裹的宫殿。玉米皇宫源之因当地盛产玉米，小镇上的人别出心裁的将从地里收割上来的真玉米根据天然原色分成几堆，然后让机器筛选玉米的大小，接着由工人根据墙壁上设计师(画师们）写下的代码指示，将对应颜色的玉米钉在这栋建筑内外墙壁上。造就了这座全世界绝无仅有的玉米皇宫。

天空下起大雨，停车后赶紧进入玉米皇宫内，里面在功能上，除供观赏的小镇玉米皇宫各时期装饰历史的陈列展示，皇宫内有宽大的礼堂，内部的壁画也全是用玉米棒子、玉米须、玉米叶、玉米干装饰而成，小镇上的毕业典礼、篮球赛事、宴会彩排、大型音乐会和展销会可都在这儿举办。大厅里有售爆米花等各色玉米制作的食品，还有许多用玉米制作，或做成玉米形状的玉米蜡烛、玉米烛台、玉米喂鸟器、玉米帽子、玉米装饰挂件等手工纪念品出售。玉米皇宫门外有卡通造型的玉米娃娃，对街是一排商店，连街灯灯座上都铸有玉米浮雕，可见小镇的人们将玉米的利用达到了极致。玉米皇宫真正的魅力在于它的外墙图案每年都在设计更新，不断替换上新的玉米，这座摩尔风格的建筑每年需要更换275000穗玉米，这就始终保持这座玉米皇宫的活力，由此，每年不断吸引了大量游客。

Day 47 最佳小城 苏福尔斯 行程 235 英里

8月31日

苏福尔斯 Sioux Falls，美国南达科他州最大城市，素有"美国最佳小城"之称。位于州东南部，临大苏河。附近原为印第安人居住地，1856 年白人在大苏河急流处建村落，后发展为工商业城市，在过去 10 年内，随着白领工作的激增，苏福尔斯市经历了一场文艺振兴。政府推动了一些文化项目，把这个从前几乎没有剧院和艺术展览的城市变成艺术活动频繁举行的地方。美国财经杂志《福布斯》最近评选出美国 10 个最适于开办企业和个人求职发展的小地方。在福布斯排行榜上排名第 1 的是南达科他州苏福尔斯市（Sioux Falls）。

昨晚酒店住房条件真的不错，夜里 9 点多出门想找点吃的，有一牛仔餐厅 10 点关门，卖的都是汉堡之类的垃圾食品又不太想吃，只好作罢。早餐还可以，有甜点、酸奶。10 点出门天色已阴，住在这里因这里有穿城而过的大苏河激流形成的瀑布闻名，所以也称其为苏瀑布，一定要进城看瀑布。先到一个公园，里面建筑很有特色，游客中心斜坡屋顶对应交叉排列很有韵律。一座矮塔式架空圆形表演中心与下沉式半球钢结构建筑组合，充分利用坡地自然起伏使建筑活泼起来，连儿童户外游乐的设施都多用曲线设计，极具动感。充分体现儿童公园让儿童游乐的主题。驱车到城区，城内分布有许多历史建筑、教堂、博物馆、科技馆、艺术馆。科技馆门外设有一杠杆装置，让观众参与互动，一人之力拉动杠杆一头绳子，就能轻而易举将装另一头的一台轿车吊起来，人们能通俗易懂认识杠杆原理。在艺术馆看了几个当地画家（包括印第安人本土画家）画展，画的都有个性，还有一种方法是尝试画在亚力克里感觉透明且有层次。感觉到艺术氛围的浓厚，处处显现文化品位。

虽然进入市区已见到大大小小不少的雕塑，尤其是艺术馆的草坪上摆了许多抽象雕塑，更有称之为雕塑花园的在城中心街区，这里店铺林立，最显眼的当然是从街口开始，沿着街道两边分布密集的雕塑。在此以铜、钢、铝、合金及木石、树脂等不同材质，以人物、动植物各种题材，以写实、仿真、变形、抽象风格造型。看了一下整个雕塑花园街区约有 70 余尊雕塑，集中的区域有 40 余尊，走在街头就像在参观 1 个露天雕塑展。我们感受最强烈的不是欣赏雕塑本身，而是当地人很享受这种艺术氛围并极力影响他人。人们多悠然自得的逗留在街头咖啡座上，消磨时光，尤其是当地人十分好客，都很热情、开朗、随和，给人以一种亲切感，当我们目光一接触他们，均会面带笑容说一声"嗨"以表示友好，其中也多少流露作为本地市民的自豪感。可见，这些雕塑已不再冰冷而是融入他们火热生活中不可缺失的一部分了。

因在街 P 已停车 1 个半小时，未久逗留，我还赶去拍了几张教堂，1918 年建造的 St.Joseph 教堂，1890 年建造的老法院博物馆是 1 座罗马式建筑，青灰色坡顶，红色硅石墙体建造而成。建筑沉稳、厚重庄严。还有许多叫不出名的教堂，城市面貌古风犹存。以建筑师眼光看一个城市，觉得尊重历史，弘扬文化应该是一个城市的灵魂。城市有了灵魂也就有了生命，我们现在看到的正是这样一座有活力的城市。

又来到瀑布公园，迎面而来的就是由高而低倾泻而下的瀑布群，城市中有河流而过不足为奇，但有这样瀑布穿越真可谓"风景这边独好"。站在激流飞溅的岸边，耳闻水流的轰鸣声，心情不免一阵随之荡漾。在公园的介绍了解到，这段经过城市的水域一度由于大量城市污水的排入受到污染，严重影响到城市人民的生活，后经有识之士（待查）全身心投入改变不良状况，保护了环境，才挽回了今天的面貌。公园的建立应该也是强化这种意识，一切都来之不易。

一路赶往威斯康星州麦迪逊，天色已 5 点多，又下起雨，四周朦胧一片，拍不到清晰的照片，我们选择的可是 1 条著名的乡村景观大道，不然夕照的田野该有多丰富的层次美感。途中 1 个小镇乡扑餐厅吃晚饭，服务员推荐烤牛排、三明治和配有沙拉的特价餐，6.90 美元 1 份，吃起来很好吃。今晚 27 美元标的住房，夜 10 点多到酒店入住。

Steamway's
Restoration
24 HOUR
EMERGENCY

来到瀑布公园，迎面而来的就是由高而低倾泻而下的瀑布群，城市中有河流而过不足为奇，但有这样瀑布穿越真可谓"风景这边独好"。

美术馆室内墙体均为混凝土材料，通体纯白，极其简洁而且雅致大气。

9月1日

麦迪逊市（Madison）是美国是威斯康星州的首府和戴恩县的县治，是该州继密尔沃基后第2大城市，也是威斯康星大学主校区之所在地。该州之东、北、西三面分别被密西根湖（Lake Michigan）与苏必利尔湖（Lake Superior）两大湖以及密西西比河（Mississippi River）所环绕。麦迪逊市多年来一直被评为美国最有文化、最安全、最有健康意识和商业精神以及最适宜于居住的城市之一。

餐后11点出门，天气阴雨开车经过城区，市中心选择在横跨于2座纯净美丽的冰川湖门多塔湖和莫诺纳湖之间的一条天然的狭长地带，威风凛凛的州府大厦就建在其小山包上。

由州政府大厦顺坡而下到门多塔湖湖边，只见细雨蒙蒙中湖滨绿草如茵，偶有水鸟飞起在平静的水面划起一道水波，远景朦胧处便是麦迪逊大学的轮廓。中午我们想找中餐馆吃饭。穿过整个麦迪逊大学，该校建于1850年，是一所历史悠久，享有盛名的美国公立高等学府，是威斯康星大学系统的旗帜性学校，是一所驰名世界的一流大学，在中西部，它与密歇根大学安娜堡分校在一起，支撑起两根高等教育的擎天大柱，傲视东部的哈佛、耶鲁等常春藤名校和西部的斯坦福、伯克利等后起之秀。大学面积有10649英亩，共有850栋建筑物，很多校舍建筑非常精致，从这些建筑风格上的演变过程可窥建筑历史的轨迹。穿过这座“大学城”，我们也在大学另一端找到中餐自助餐馆，我们好久没吃中餐了，一入口便感特亲切。

餐后驱车往东77英里去密尔沃基市，该市19世纪以德国移民人数居多，他们聪明能干、有新的文化知识和政治方向，他们建设了剧场、音乐厅、体育馆等，并被称为“德国的雅典”。20世纪后，德国的影响逐渐减少。

我们今天重点参观的是最具代表性的密尔沃基美术馆，此时，站在室内巨大的落地玻璃窗前面对是五大湖之一的密歇根湖西岸，我已无心再看室内展品，这座建筑本身就够我欣赏不尽的了。

紧靠美术馆旁边另一座有名建筑是沙里宁1957年设计的战争纪念馆，它是纪念自美国成立以来在各种与美国有关战争中伤亡的将士。还有一件让这个城市名声大振的事就是人们熟知的美国著名摩托车品牌“哈雷摩托车”，哈雷戴维森公司成立于1903年，由William Harley和Davidson3兄弟在美国密尔沃基创建。

可惜这时雨下大了，还有许多室外景观没来得及仔细欣赏，抓紧有限的时间又多拍了几张街景建筑，这个城市在德国后裔们理性思维指导下的建筑规划极为严谨，看到市内威斯康星密尔沃基分校，该校建筑系的师生曾到我所在学院进行联合设计，我们进行过交流，想来还真有点亲切感。

从这个密尔沃基市出来往芝加哥方向，途径内斯尔小镇，慕名参观20世纪美国建筑师设计赖特的代表作品，约翰逊制腊公司总部。

可惜参观时间是周五、周六两天，我们只得开车隔围墙老远看看建筑体量关系。在公司总部外的游客中心停车场，华宁网上标得芝加哥城东的一星级旅店24美元，是那种有厨具的家住旅店，我们以前也住过两三次，挺好的，就是远了点，我们摸黑穿过芝加哥城，还要1个多小时才到住地。

麦迪逊

州府大楼有百余年历史，总高 60 多米的圆顶大厦就成了全市瞩目的制高点，其位置与体量在这个不大的城市里想不看到都难。州府大楼有百余年历史，初建时花了 25 年（1838~1863 年）时间才建成。1904 年整个建筑被焚毁 。现在的大厦是由 George B. Port 设计，花了 725 万美元（当时价格）和 11 年时间（1906~1917 年）才建成。大厦内部的特色体现在采用了来自全世界的 43 种各式各样的石料以及装饰性的壁画、玻璃镶嵌和手工雕刻的家具等，圆柱形大厅周围有粗大的花岗岩和大理石支柱。这是一座一年到头每天都定时对外开放的公众建筑。州政府大厦是继承华盛顿国会山建筑风格，规模第 2 大的政府大楼，是本州为之骄傲的 1 幢雄伟而美丽的建筑。只是以建筑与规划的视角来看大厦体量显得过大，尺度上与小城不配，略显突兀。除州府大厦，还可参观位于西米夫林街的退伍军人纪念馆和 2 家艺术馆，这些馆从建筑到馆藏都挺精美，也都是免费对公众开放。

沙里宁1957年设计的战争纪念馆，它是纪念自美国成立以来在各种与美国有关的战争中伤亡的将士。

密尔沃基美术馆具有洁白色的外观和别致的造型，如大鸟双翼的巨大屋顶代表着卡拉特拉瓦的美学理念，同时成为了密尔沃基的标志性建筑。这座建筑设计师圣地亚哥·卡拉特拉瓦是世界上著名的创新建筑师之一，他以桥梁结构设计与艺术建筑闻名于世，这是他 2001 年在美国的第 1 个作品。

我们顺着城区重要路段林肯纪念大道，远远就看到密尔沃基美术馆，卡拉特拉瓦沿着大道的方向新建起了一条拉索引桥，跨度长达 73m，我们沿着这座旱桥直接走到了新建的建筑上来，笔直地乘电梯（或步行阶梯）下到美术馆的主入口。用拉索支撑的桥在桥头构成了传统的垂直塔门，给入口划出了一个醒目的画框，白色混凝土材质的塔门淋漓尽致地凸显了雄浑茁壮的气质，一下子就把整个建筑的性格鲜明地和盘托出了。引桥的拉索结构中的中脊以 47°倾角升起，与桥面构成了空间关系上的平衡，与引桥的方向背道而驰，绷住了全部 10 条拉索，把桥面的荷载牢牢地固定在高挑的桅杆上，犹如远飞高翔的舒畅和自由。这座建筑更神奇的是通过机械传动装置建筑顶部的是 2 个能够像翅膀一样张开的钢结构羽翼，它每天会根据阳光调节进度，在天空下慢慢张开仿佛一座会动的建筑，创造出了诗意般的结构体系和运动感的整体效果，也可以说卡拉特拉瓦赋予建筑以生命。

BankMutual

密尔沃基市19世纪以德国移民人数居多，他们建设了剧场、音乐厅、体育馆等，并被称为"德国的雅典"。20世纪后，德国的影响逐渐减少。目前城市中心已被摩天大楼占据，但不同的社区仍有独特的欧洲文化特点。城市以清洁著称，街道整齐，多公园和绿地。

Private
Drive
Employees
Only

赖特的这座建筑物结构特别，办公厅部分用了钢丝网水泥的蘑菇形柱。中心是空的，由上而下逐渐增粗，到顶上扩大成一片圆板，形象新奇，仿佛是未来世界的建筑。研究楼共有 14 层，其中 7 层的平面为正方形、7 层为圆形，并且是穿插在一起的。每 2 个正方形楼层里夹有 1 个圆形楼层，结构上是核心桶结构，从剖面上看，这个建筑就像一棵大树一样，每层都是从中间悬挑出来的。圆形的层直径较小，在内部空间上产生一个很好的效果。还有这座建筑物的许多转角部分是圆的，墙和窗子平滑地转过去，组成流线型的横向建筑构图。

Day 49 风城 芝加哥 行程 194 英里

9月2日

周四下午5~8时，是芝加哥艺术馆免费参观时间（正常参观票价18美元/人、学生票7美元/人），所以上午我们先去西郊橡树园小镇，该镇因多植橡树而成镇名，而真正使其成名的则是这里曾居住过美国历史上2位巨匠：一位是出生并在此度过少年时期的著名作家海明威，另一位是在此生活工作19年的建筑大师赖特。

这里是赖特早期生活与工作的地方，在不大的橡树园内遍布着最早期的赖特作品，见证了他草原风格的雏形与成熟。到达橡树园，首先感到这里文化氛围浓郁，街道标识清楚的指示名人故居及历史建筑方位。到达这里第1站应是游客中心，在这里买张标有所有重要建筑的街道图，这样寻访赖特建筑作品就不会错过或走弯路。

首先，参观赖特设计的唯一1栋宗教建筑礼拜堂；

第2个吸眼球的自然属赖特住宅及工作室；

这里还有赖特做的第1个迁就业主意图的设计项目 Moore Dugal House。

整个橡树园我们看到了十来栋赖特设计的建筑。赖特在这里开创了他的事业，作为一个专业建筑师的生涯就是从这里开始的，在橡树园的作品也就是他最早的作品，形成和发展了他开放的、流动空间的、水平伸展的以及把木料、石头、玻璃、灰浆同时并用的风格。这位有着建筑革命性意义的建筑师，是从历史中慢慢演绎着的，我们从橡树园可以看到赖特建筑的变迁，能够感受到赖特思想的变化。

我们这次环美旅行对赖特的设计作品有一个相对连续性的了解，从早期芝加哥橡树园到匹兹堡熊溪河畔成名作流水别墅，再到晚期工作室及其去世的地方亚利桑那州西塔里埃森。

下午我们去芝加哥中国城，在华埠广场强记餐厅点了炒肥肠、萝卜烧牛筋、炒三丝，3个菜约20美元，很实惠，味道也很地道。在这里一时瞬间没感觉在美国，但看到唐人街那些不伦不类的建筑又绝对不是现在中国，倒是像一种过去中国的感觉。

5点华宁送我去艺术馆，我在艺术馆新馆门口下车，这是2009年5月建成开幕的芝加哥艺术馆新馆现代之翼，被誉为继1970年建的汉考克大厦之后芝加哥市区最佳建筑。是建筑师 Rnzo Piano 设计的又一力作。在这里排队等候的比跨越铁路轨道廊道相联的老馆人要少许多。华宁送我后去芝加哥大学附近的罗宾别墅，另1座赖特设计的平原建筑学派的杰作。我进馆后虽免费，也要在艺术馆电脑输 Email 及姓名才能领票，并存包后方能入内。新馆设计比较中庸，当代而不前卫，优雅古典的比例、开敞的共享空间、绝佳的天光设计正是当代建筑的取向。老馆则保持古典的传统风格，展品的特质也随新老馆风格分布而更具时代特征。目前，这是仅次于纽约大都会艺术博物馆，是全美第2大的艺术馆。

从5点多到快8点我几乎冲刺般的在里面拍照，尽可能多的获取资料，先饱餐以后再慢慢消化欣赏，产生新的能量。（事实说明此馆绝非3小时能搞定，得用全天时间才能领会到其中的精华）快8点我取包后去门外桥上等华宁，夜色中的艺术新馆在灯火映衬下通体透明，新馆的屋顶平台通过一条约186m的步行景观天桥凌空与对面千禧公园的核心区相连，与周围的环境连成一体。

芝加哥夜景很美，密集的高层建筑以高442m共110层的希尔斯大厦、高343m共100层的汉考克大厦为主体，形成优雅起伏的城市轮廓线。历史上经历1871年芝加哥大火的灾后重建中，世界上的第1座摩天大楼在芝加哥诞生。芝加哥大量钢结构的高层建筑兴起，一度形成引领时代潮流的创新建筑学派——芝加哥学派。

晚8：30时上车，天下起雨，黑夜中驱车4个多小时，第2天凌晨1点多回到密歇根安娜堡华宁住地。至此，环美驾车旅行完全按预定圆满结束。

联合教堂(Unity Temple)始建于1905年，完工于1908年，8美元/票，在橡树园所有赖特设计的建筑中，只有联合教堂与赖特工作室开放可购票参观，其余则均为私人所有，只能观其貌而不得入内。联合教堂建筑体量并不算大，采用混凝土作为结构主体与外墙，侧面看在建筑上部有一排雕花短柱间隔的窗，建筑外表朴素庄严。这座建筑在设计上不难看出赖特一贯采用的隐蔽入口，迂回路径、流动空间的手法。我们在通过压低的门厅，跨入室内见到自然敞开的殿堂空间，那种感觉是赖特将建筑空间秩序音乐化的节奏韵律的显现。光线来自镶嵌了彩色玻璃的天顶，低垂的吊灯丰富了人的视线，整个室内呈奶黄的暖色调没有以往教堂的压抑，烘托出礼拜堂世俗的亲和成分，设计者试图在这个宗教大家庭中，构成家庭凝聚力的中心。联合教堂是赖特伟大的、富有个性的天才作品之一；他所表现的物质性、所塑造的建筑空间，形成了一种新的风格的崛起。

第二个吸眼球的自然属赖特住宅及工作室。它也是来这里参观的人们必选的参观之地，是在名为森林街尽头靠街角的一块地，有醒目的标牌导示出这组建筑的重要性，在街上从正面和右侧2个方向都可看到这组建筑。这里与联合教堂一样可购票入内参观（15美元/人），不同的是室内不允许拍照，有点使人扫兴。这种管理规章上的差异可能源于2处景点各属不同的机构或基金会吧。在这个赖特建设经营19年之久的地方，是他设计理念展现的自留地，也是他在有限的资金及不大的地块上播种着的实验田。赖特住宅外表尤为简朴，并没夸张装饰的异样，更无邻居们的豪宅华贵，不突兀、不张扬。这也许不难理解，就像很多画家在自己家里不挂自己的画，建筑师在自己的建筑外表上尽量简单，空间实用为好。赖特在这里追求的是内部空间、人与自然的交流，他设计的每间房间都设有大窗户，尽可能在有限的空间里摄取光线与外景，最突

出的应是 2 层中，空间最大的为儿童游戏室，高挑的顶部与墙面落地窗创建一处儿童嬉戏的阳光乐园，成为整个建筑的亮点，设计的主题非常清晰，从中不难看出赖特富于人性充满温馨的一面。再看一下紧邻的赖特工作室，那就不一样了，这栋两层楼的工作室，方形的一层与八角形的二层，形成律动变化的空间美感。水平的高窗将自然光线引入室内，这也是赖特习惯手法。这里可是接待顾主的地方，必须打动每位到来的客户，所以门廊立柱的设计十分夸张，在立柱与目光水平之处尽力雕饰，以重复的图案形成秩序感以装门面。另一显眼的装饰，是门廊左右上方 2 尊蹲伏着充满力度的人体雕塑。这种设计的意图则是体现一种内在力量的表现。从中可见赖特是位重实效而严谨的工程师，又是极具幻想力的艺术家。

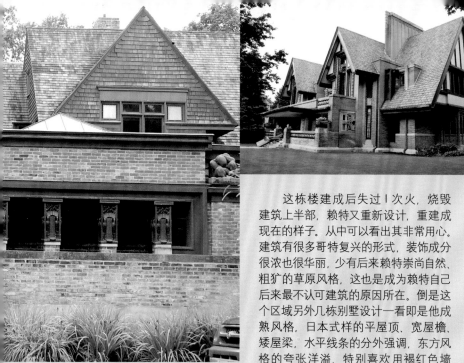

这栋楼建成后失过 1 次火，烧毁建筑上半部，赖特又重新设计，重建成现在的样子。从中可以看出其非常用心。建筑有很多哥特复兴的形式，装饰成分很浓也很华丽，少有后来赖特崇尚自然、粗犷的草原风格，这也是成为赖特自己后来最不认可建筑的原因所在。倒是这个区域另外几栋别墅设计一看即是他成熟风格，日本式样的平屋顶、宽屋檐、矮屋梁，水平线条的分外强调，东方风格的夸张洋溢，特别喜欢用褐红色墙砖和彩色的玻璃，看起来很自然随和。

1004
X28

芝加哥是在大火中涅槃的城市

中国有凤凰是由火中涅槃而生的美丽传说，那么，芝加哥是在 1871 年大火之后重建的一座伟大的城市已不再是传说。建筑师们在大火废墟上再造了这座美丽城市，市内摩天大楼林立，当今世界 5 座最高高楼就有 3 座在芝加哥。

芝加哥学派

严格意义上的芝加哥学派，包括建筑学科、经济学科、传播学科、社会学、气象学 5 个学派。就建筑学科而言，芝加哥学派的产生自然得益于芝加哥的重建，是现代建筑在美国的奠基者。

工程师詹尼是学派创始人，1665 年完成的家庭保险公司办公楼，是一座运用钢铁框架结构建成的 10 层高楼，标志着芝加哥学派的开始。

建筑师沙利文是学派的主要支柱，倡导建筑"形式服从功能"，开辟了功能主义建筑的道路，他主持设计的 CPS 百货公司大楼，具有高层、铁框架、横向大窗、简单立面等特点，是芝加哥建筑学派中的代表作。

芝加哥学派的鼎盛时期是 1883 ~ 1893 年之间，在工程技术上的重要贡献就是创造了高层金属框架结构和箱形基础。

云门——芝加哥市的新地标

位于芝加哥千禧公园的巨大雕塑，雕塑为一个银色椭圆，重约 110 吨。市民戏称为"大豆"，雕塑光洁的表面上折射出四周的景色。设计的构想是"通往芝加哥的大门，映射出一个诗意的城市。"如今，这里可是一个大家都喜欢的地方。

库哈斯与弗兰克盖里

美国的哥特式 / 格兰特 · 伍德

芝加哥艺术馆始建于 1879 年，其收藏的 26 万多件艺术品记录了人类 5000 年的历史，同时也是除法国之外，世界珍藏印象派和后期印象派作品最多的地方。展馆中很重要的是有美国现代绘画，如格兰特 · 伍德的经典画作“美国的哥特式”，这幅画我印象很深，似当代美国人精神的写照，是美国绘画的代表作。有印象派“大宛岛星期日”（修拉作）、“平台上的姐妹”（雷诺阿作）、“芭蕾舞者”（德加作）凡·高“自画像”、“阿尔勒的小屋”。在这里莫奈的作品就有 30 多幅，还有毕加索、达利等人的作品，这些都是些撼人心魄的作品。

Day 50 到达密歇根安娜堡

9月3日

这里我想再讲一下密歇根安娜堡，因为我们此行自驾环游美国是从这里出发，又是回归这里结束。

密歇根大学安娜堡分校是华宁就读的学校，也是我此行美国3个月的终点。在我们这次旅行的过程中，每当问及我们来之这所学校时，许多美国人往往会说"那是一座很好的学校"，我想这就是对这所学校最确切的评价。

安娜堡市与安娜堡分校是融于一体的，是一座真正意义上的大学城。仅校园占地就有3100多公顷，351幢校园主要建筑物，除众多专业学术研究机构与实验室外，让我印象最深是全校分布的15座图书馆，800多万册的藏书和开放式的借阅方式，让我可以在其中度过许多美好时光。另外，有9座博物馆，还有多所剧场、音乐中心、艺术中心及1座可容10万人的主场体育馆，更具魅力是还有一所公园，其中有峡谷与河流婉曲校区其中，景色优美，气候宜人。

建筑与城市规划学院是两层现代建筑，宽裕的空间容纳了所有专业教学与实验的需求，仅从全美建筑院系硬件设施而言，得益于学校充裕的资金支撑排名其首。从建筑专业的模型室，有价格不菲先进的机器人机械臂，可设定程序操作几十种工具进行自动工作。还有金属、木工、陶瓷、塑料等实验室，全然一个个现代化的生产车间。有这些硬件保障，在这里帮助学生从图纸设计到模型制作，通过专业指导与自助方式，让其一个个设想成为现实。

建筑与城市规划学院图书馆，24 小时开放，这是学生们课余时间的主要憩息地，除丰富的藏书及先进的电脑网络设备，所有与本专业相关的设备应有尽有，如：从能扫描 4 开至全幅整开图纸的各种扫描仪、打印机，视频与音频全套演奏录制器材、3D 模型成型设备等。最受学生喜好的，还有 1 间电子游戏室，收藏齐全的电子正版游戏及一些难得珍藏版的游戏，配上先进的大屏幕游戏设备，这是最吸引学生的地方，得在门口登记板上先预约时间，才能排上去打游戏。

图书馆里面有饮品与简单餐点出售，有许多供阅读休憩沙发、座椅设施，室温冬暖夏凉，这里成为众多学生通宵做作业的好地方，据说每到考试在即，这里往往座无虚席。更具人性化的是，学校有多线路免费校车运营至凌晨 2 点，2 点停运以后学生要返往住地，可在图书馆登记，等候不超过 15 分钟，会由学校安排黄色的士免费送回住地，确保学生安全。

在安娜堡让人最为兴奋的事，是一年一度的美式足球橄榄球赛季，这是我生平第一次看橄榄球赛、还特意买了件"密歇根爸爸"的套衫穿上。平常鲜见人影的校区，比赛当天人们如同从地下冒出，连街旁小屋顶上都登上狂欢的球迷学生。巨大的人流由各路汇集于赛场，可容 10 万人的竞技场座无虚席。全场比赛双方观众布阵有序，随赛场比分的变化。各方阵营的拉拉队，指挥全场舞动人们如波浪般上下起伏呐喊或唱校歌，每 1 个人都会感染而身陷其中，由此体会到一种称之为"体育精神"的力量。

校区的建筑，从 1817 年建校至今涵盖历史传承多种风格与形式的几百所建筑。在中央校园代表古典哥特式建筑风格当属法学院了，环视该院建筑俨然一幅哈利波特的拍摄景地，看到有专业维修人员趴在墙上对建筑一砖一石仔细维护，可知这些建筑会永葆青春。

学校艺术博物馆如同前面见过的许多展馆一样由于藏品增加不得不扩建新馆，使展馆由古典老馆与现代新馆融合而成。藏品也是从古典至现代都有展示，更贴切教学的是里面提供大量艺术图册供阅览，这里也成为学习艺术史的最佳课堂。

还有剧院、报告厅建筑风格的对称庄严但不失细节的处理，一些浮雕与装饰点缀出艺术的内涵。在现代风格中，建筑系老师推荐的是音乐学院的建筑，其巧妙利用坡地地形，流线布局生动，将环境与建筑融为一体，教室巨大的落地窗面对是大露台与坡地前的池塘，碧水清波、鸟禽游荡其中，可谓情景交融。音乐、电影和艺术节更是安娜堡常年不变的传统。

建筑与城市规划学院

建筑学院模型室

建筑学院专业教室

建筑学院图书馆

检索

高等教育

城市风貌

住宅风格

博物馆、艺术馆、历史遗存

自然景观、公园，农业景观

后记

50 天自驾环游美国顺利结束，途经了 31 个州，行程共 17923 公里，拍摄 4 万多张照片。途中遇见不少美国人谈及此行，他们流露出向往与赞叹，这的确是一件令人羡慕的事情。自驾的自由在于对行程的可操控性，纵观全程，尽可能在短暂的游历中感悟更多城市与建筑方面的艺术魅力，当我们徜徉于城市建筑中，可领略其风格受外来及本土传统相互影响形成一种新的融合，特别是集世界住宅建筑精华之大成的最有创意的住宅。所见建筑风格虽有新古典主义、新现代和后现代主义、解构主义，更多的是可以称其为美国式风格或国际主义风格，因为它包含了太多的形式又独具个性，很难找到完全复制的痕迹。同样，美国在城乡建设规划与国家公园及自然保护区的建立方面，充分体现其法制、科学、环保、前瞻性等特点。

回国后，我整理一下行程做了《50 天自驾环游美国》的 PPT，在“第十一届全国高等院校建筑与环境艺术设计专业美术教学研讨会”上进行交流，中国建筑工业出版社艺术设计图书中心李东禧主任当即约稿，共同商定《50 天自驾环游美国——建筑师眼中的美国》的出版计划。书稿及图片的前后整理持续了一年多时间，2013 年开年之际我与华宁抛开一切事情，集中一个月时间一起编排书稿的图文及装帧版式，并通过与编辑沟通与指导得以成书。为此，我们要感谢出版社李东禧主任、唐旭主任及吴佳编辑。

据初步统计，全国目前已有 208 所建筑学科专业院系的规模。其国家建设的行业需求可想而知。另外，国家经济的发达，促使出国留学和海外旅游在中国形成热潮，此书的视角刚好横跨了建筑与旅游两个群体的需求，加之海外自由行的兴起，“自驾游”更是很多人热衷的旅行方式。以期此书介绍的所见所闻，对读者有所帮助。

华炜